湖南省哲学社会科学基金重点项目"中国武术审美现代性批判与当代发展研究"（项目编号：20ZDB019）最终成果

中国武术审美
现代性批判与当代发展

马文友◎著

人民体育出版社

图书在版编目（CIP）数据

中国武术审美现代性批判与当代发展 / 马文友著. 北京：人民体育出版社, 2024. -- ISBN 978-7-5009-6497-1

Ⅰ．G852

中国国家版本馆 CIP 数据核字第 20242VP215 号

*

人 民 体 育 出 版 社 出 版 发 行
北京中献拓方科技发展有限公司印刷
新 华 书 店 经 销

*

710×1000　16 开本　11 印张　210 千字
2024 年 8 月第 1 版　2024 年 8 月第 1 次印刷

*

ISBN 978-7-5009-6497-1
定价：56.00 元

社址：北京市东城区体育馆路 8 号（天坛公园东门）
电话：67151482（发行部）　　邮编：100061
传真：67151483　　　　　　　邮购：67118491
网址：www.psphpress.com

（购买本社图书，如遇有缺损页可与邮购部联系）

序 一

文友博士发来了他的鸿篇巨论《中国武术审美现代性批判与当代发展》，洋洋洒洒，请我作序，一时不知从何落笔。

回顾20世纪80年代，我在研读了美学大家朱光潜先生的《朱光潜美学文集》和宗白华先生的《艺境》之后，联想武术，写了一篇《武术套路美学初探》的论文，尽管还很肤浅，但也引起一些热议。甚至有人认为"武术是讲打的，谈什么美"，似乎不屑一顾，赶"时髦"了吧！

其实，我的心里明白，回想我的老师蔡龙云先生，他曾在十里洋场的上海与俄、美大力士拳击手在台上见分晓的。但是他对武术套路提出的有关形、神、意、气的演练理论，不少源于传统的书法理论，甚至提出中国武术发展历史是武与舞两者并行不悖的观点。老师十分重视武术套路的演练艺术，他开玩笑地跟我说："说你们是花拳绣腿，说我就不好说了吧。"老师对武术套路艺术价值的重视直接影响了我，而我恰恰又是一个颇爱艺术的人。但这并不妨碍我除了遵循武术艺术，也在探索武术的攻防技击技术，不断地从传统武术中汲取营养。

当然，武术的技击性始终是第一位的，是它的技术本源，没有技击性何谈武术？武术套路是中国人把残酷搏杀的格斗技术演绎为仁者之艺——显示了中国文化的和平型特征，套路技术的艺术性正是它的一个特点。不妨说，武术套路具有技击性、健身性、艺术性三个特点。

老师在闲暇时曾跟我聊起："如果把武术动作比做文字的话，散打好似散文，而套路好似是诗。"诗一般的凝练，诗一般的韵律，诗一般的神采！

纵观五千年的中国文化，正如文化先贤钱穆先生所云，是和平型内倾性的文化，也是审美型的文化。王阳明先生说："不离日用常行内，直造先天未画前。"中国文化既不脱离日常生活，又充满无限理想。中国人把他的实用文字演绎成书法艺术，彪炳于世界，是何等的气魄。

有一位学者说："西方人善于将艺术技术化，中国人却善于把技术艺术化。"这一说法是有一定道理的，书法、拳法乃至烹饪等皆有如此特征。

谈及现代性，我认为现代性应是在传统的基础上，若脱离传统去追求现代性，则是一种怪诞。

欣知文友致力研究武术审美的现代性问题，我认为这对武术的发展、创新、守正都极有意义。

当今武术从文化到竞技面临的许多问题，的确需要人们从传承到传播认真去思考和研究。

文友的此书令人耳目一新，他的一些视角、观点和思考都是引人深思的。

文友是我所带的最后一届博士生，后生可畏、前景无限，衷心希望他焚膏继晷，为武术的审美研究闯出一条路，为武术走向世界作出贡献。热诚祝贺此书的出版。

是为序。

中国武术九段
武术与民族传统体育学博士生导师
邱丕相
2024 年 5 月于上海

序 二

文友从东南大学博士后流动站出站至今已有约十年了，出站后他先后在泉州和长沙的高校工作。2024年5月中旬，我到长沙开会见到他，从与他简短的谈话中，我发现他已是一位成熟的教授了。

文友的事业心很强，在体育领域，他一直致力于武术的学术研究，发表了大量文章，也出版过富有影响力的学术专著，取得了优异的成绩。说到他即将出版的《中国武术审美现代性批判与当代发展》，他很有兴致，也令我倍感新鲜。因此当他嘱我为他书稿作序时，我欣然应允。

武术是中国传统文化的瑰宝。这种从防身健体起步的体育项目一直以来备受民众青睐，但武术在中国现代化转型过程中也发生了诸多变化。尤其是受现代性风潮的影响，武术原先的功能在公众视野中逐步隐退，而其观赏价值逐步上升，也让武术越来越进入审美视域。许多学者指出，当代武术存在"艺术化、消费化、神秘化、同质化"等一系列问题或病象，从而使学界密切关注武术审美现代性与当代发展这一理论命题。

那么审美现代性究竟对武术产生了何种影响？这种影响的价值何在？文友把目光聚焦于深受传统审美观影响的武术审美是否发生了现代性转变、它的未来发展之路又将走向何方这些关键命题上。

文友认为，武术发展在视觉文化时代已经进入审美现代性阶段。受中国社会现代性的影响，武术逐渐分化，传统武术"艺、体、用"三位一体之功用开始解构。由于审美现代性突出审美的感性化等特征，这在一定程度上引领了武术的艺术化生产——以符合客观社会发展之需要。从艺术社会学的角度看，当代武术的艺术化就是其审美现代性的表征之一。视觉文化的全覆盖更是促进了消费时代的悄然降临，并且为社会从生产模式向消费模式的转变提供了得天独厚的条件。武术借助视觉文化的"魅力展现"培育了大量的消费群体并使其消费理念逐渐深入人心，出现了武术审美现代性的表征之二。武术应该将自己放到"文化"的高度，而不应将武术审美的人文教化价值遮蔽。他针对武术发展的审美现代性，提出适时葆有一种理性的批判精神，应强调武术的人文价值及其在各种武术样式中的渗透，以利于自身的健康发展与生态稳定，也应找出制约当前武术发展的不利因素，重构武术的发展模式及实现路径，担负起人文教化与文化传承的重任。

文友承认审美现代性所营造的视觉文化时代对武术的强力影响，肯定了武术的艺术化生产与生存模式，认为这种现象符合社会客观发展的需求。这与现代社会对人的安全保障措施的逐步完善，与武术以技击防身的本义的消退，与武术所绽放的视觉审美魅力有关。这种判断是恰当的。视觉消费已然是当代社会难以避免的现象，无论这种现象合理与否，它都存在。因此，武术向视觉化方向发展也是顺应时势的。通过武术在各种庆典场合中以表演的方式出现即可看出其所提供的视觉审美功能所占的位置。但倘若武术完全滑向视觉体验，与其"本根"距离越来越远也值得警惕。武术的逻辑起点在于防身健体，在此基础上又蕴含着更高层次的哲思、修为和理想。武虽以技击显其威力，但技击旨在防身，而非侵袭，因此古人云"止戈为武"。从个体防身之旨延伸到保国安民、天下太平的理想，是武之归旨，也是武术所应追求的人文价值。文友以较为理性的批判思维强调武术的人文精神，希冀借以重构武术未来的发展模式。文友提出，只有针对武术审美现代性的偏激表现进行理性批判，才能引领当代武术健康发展的思想主张。我认为，这种理念是正确的。

阅读文友的书稿，能看出他较为理性的思考和较为辩证的思维。我们能从其所论所言中感受到武术这种传统文化进入现代社会后所呈现的张力。每种文化都是特定时代的产物，武术亦然。对于武术在现代社会的诸多变化，若执其一端，都很难理解其张力所在。

愿读者能从多种维度理解武术、理解本书，也愿文友在学术道路上百尺竿头、更进一步。

是为序。

中国传媒大学艺术研究院院长、教授、博士生导师

王廷信

2024 年 6 月 15 日于北京定福庄

目 录

绪论 ··· 1
 一、研究背景和研究意义 ··· 1
 二、理论依据和研究方法 ··· 4
 三、基本观点和创新点 ··· 7
 四、相关问题说明 ··· 9

第一章 现代性与审美现代性 ·· 16
第一节 现代性 ·· 16
 一、现代性与现代化 ··· 17
 二、现代性的概念 ··· 19
 三、现代性的分类 ··· 20
 四、现代性的特征 ··· 21
第二节 审美现代性 ·· 22
 一、审美现代性的发端 ··· 22
 二、审美现代性的概念 ··· 23
 三、审美现代性的分类 ··· 24
 四、审美现代性的特征 ··· 25
第三节 现代性与审美现代性的问题域 ·································· 26
 一、现代性的问题域 ··· 26
 二、审美现代性的问题域 ··· 27

第二章 武术审美现代性 ·· 29
第一节 武术现代性与审美现代性 ·· 29
 一、武术现代性 ··· 30
 二、武术审美现代性 ··· 31
 三、武术现代性与审美现代性的关系 ··· 31
第二节 武术审美现代性的特征及表现 ·································· 33
 一、武术审美现代性的特征 ··· 33

二、武术审美现代性的表现……………………………………………35

第三节 武术审美现代性的特征及表现为其批判提供可能………………39
  一、武术艺术化现象日渐凸显……………………………………………39
  二、武术审美过度消费化…………………………………………………40
  三、武术发展迷失方向（神秘化）………………………………………40
  四、武术本质受到质疑（同质化）………………………………………41

第三章 武术审美现代性批判的基本工具与目标指向……43

第一节 反思：武术审美现代性批判的基本工具……………………………44
  一、反思依据………………………………………………………………44
  二、谁来反思………………………………………………………………45
  三、反思什么………………………………………………………………46

第二节 超越：武术审美现代性批判的目标指向……………………………48
  一、文化高度定位武术，展示武术独特魅力……………………………48
  二、发挥综合媒体作用，正面宣传武术文化……………………………49
  三、武术传统文化基因与当下社会语境协调发展………………………52
  四、武术自律：超越审美现代性的思想源泉……………………………56

第四章 武术审美现代性批判与当代发展的关系…………59

第一节 武术审美现代性批判有利于当代武术的发展………………………59
  一、当代武术发展的研究现状述略………………………………………60
  二、武术审美现代性批判有利于自身发展………………………………61

第二节 当代武术发展为审美现代性批判营造新的空间……………………62
  一、当代武术发展出现了艺术化的趋势…………………………………62
  二、当代武术发展出现了消费化的趋势…………………………………64
  三、当代武术发展出现了神秘化的趋势…………………………………65
  四、当代武术发展出现了同质化（异化）的趋势………………………66

第三节 武术审美现代性批判与当代发展的辩证统一………………………67
  一、武术艺术化不应以牺牲人文价值为代价……………………………68
  二、武术消费理念不应失去应有的价值理性……………………………69
  三、武术现代化发展不应脱离本源和忽视主体…………………………70
  四、后现代主义武术不应一味追"新"逐"后"…………………………71

目录

第五章 审美现代性批判视域下的当代武术发展……72

第一节 宏观层面：审美现代性批判视域下当代武术发展的价值取向……73
一、突破"文化围城"现象……73
二、抵制极端主义思潮……75
三、反对虚无主义和锦标主义倾向……77
四、克服神秘主义和消费主义动机……79

第二节 中观层面：审美现代性批判视域下当代武术发展的逻辑理路……81
一、保持武术的文化个性和独立品格，体现民族传统体育风骨……81
二、利用科技和创意打造多样化武术，满足不同受众的多元化需求……87
三、文化与科技相融合引领武术审美新风尚……91

第三节 微观层面：审美现代性批判视域下当代武术发展的实践路径……95
一、技艺渗透，寓教于乐：武术在艺术化过程中要加强人文教化作用……95
二、效益为本，兼顾价值：武术在消费化过程中要强调社会价值的重要性……101
三、传统内质，现代外形：武术在神秘化过程中要坚守自己的精神品格……106
四、立己达人，守正创新：武术在同质化过程中要坚持本土文化的立场……111
五、理性认知，正确对待：审美现代性批判视域下当代武术发展的总纲……118

第四节 案例分析：从四个不同视角选取案例具体解析……121
一、现象学视角下当代武术的艺术化诠释……122
二、大武术观视域下功夫舞台剧的审美现代性解析……128
三、审美现代性批判视域下当代武术发展模式的构建……132
四、审美现代性批判视域下当代武术发展的核心理念……142

参考文献……151

附录……163

后记……165

绪　　论

【内容提要】本部分主要从研究背景和研究意义、理论依据和研究方法、基本观点和创新点，以及相关问题说明展开，限于篇幅，有些条目只是做了一些简要的介绍，使读者对书稿撰写的缘起和特色有宏观把握和基本了解。

一、研究背景和研究意义

近些年，随着社会现代性的不断深入，武术发展出现一系列问题或病象，业界也出现了质疑的声音。本研究从审美现代性批判的视角探讨当代武术发展，以期能够促进武术健康发展，为我国体育强国的建设及中华优秀传统文化的伟大复兴助力。

（一）研究背景

中华人民共和国成立后，尤其是改革开放以来，众多学者对武术美学及审美理论进行了不同视域、不同层面的分析，不可谓不全。但是统观全局我们不难发现，前期研究重点关注武术古典美及其审美文化，对于武术现代性及其审美理论还疏于系统研究和宏观把握。通过网上检索及现刊查询（截至2024年6月11日）得知，武术现代性相关文章133篇，武术审美现代性相关文章3篇。前者主题多分布在武术文化现代性与传统武术现代化方面，如当代武术的艺术化现象、武术现代性的断裂、武术现代化的异化及现代性支配下的武术发展等；后者主题分布在武术审美现代性建构和批判方面，如中国传统武术审美文化的现代性建构、中国武术审美现代性及其批判等。美国传播学者梅罗维茨曾提出新媒介、新情境的媒介情境论。中国武术的审美现代性是伴随着视觉文化在我国成为主流媒介文化而凸显出来的。视觉文化时代使得人们的生活方式、思想观念等发生了一系列变化——新时代成长起来的90后和00后已经建立起了"新"的视觉文化品位。在这种情况下，深受传统审美观影响的武术审美是否发生了现代性转变？它的未来发展之路又将走向何方？……这些现实问题都给学者们提出了新的研究课题。

现代性是一个非常复杂的文化范畴，它既是一个历史概念，又是一个逻辑范畴[1]。"现代性"一词于19世纪由法国学者波德莱尔提出。其后，西方学者（米歇尔·福柯、弗朗索瓦·利奥塔、尤尔根·哈贝马斯等）从不同侧面对现代性进行解读，认为现代性是一个包涵多重含义和涉及多重领域的复杂问题；它倾向于工具理性，具有祛魅和科学主义的显著特征。哈贝马斯和黄金城[2]在《现代性——一个未完成的方案》中进一步把现代性区分为社会现代性和审美现代性，并认为审美现代性的发生是针对现代性工具理性负面效应的，它更倾向于价值理性。我国学者杨春时[3]、寇鹏程[4]对审美现代性进行专题研究，认为21世纪以来审美现代性对现代性彻底解构，也拒绝了重建的可能，审美现代性对现代性的反叛已经走到了绝境。我国学者周宪[5]对审美现代性范畴进行了结构性的描述和批判，继而指出审美现代性二维指向（复魅和感性）和三重张力（对立于传统、现代性、审美现代性自身）的激进色彩和极端表现[6]，为本研究的开展提供了有力的思想武器。

毋庸置疑，当代武术健康发展事关我国体育强国的建设和中华优秀传统文化的复兴。然而，近年来随着社会现代性和审美现代性的不断深入，当代武术发展出现了艺术化、消费化、神秘化、同质化等一系列问题或病象。对此，我国学者已经有了文化自觉意识，并从现代性（现代化）角度进行了反思和批判，主要集中于以下四个方面：①武术艺术化。戴国斌[7]、李龙[8]、杨建营[9]、马廉祯[10]、洪浩[11]、王岗和韩政[12]、关铁强[13]从现代性的理论出发，认为武术现代性使自身与传统发生断裂；现代性（现代化）在使武术科学化、体育化、竞技化的同时，也使武术发

---

[1] 周宪. 审美现代性与日常生活批判[J]. 哲学研究，2000（11）：63-70，80.
[2] 哈贝马斯，黄金城. 现代性——一个未完成的方案[J]. 文化与诗学，2019（1）：252-269.
[3] 杨春时. 论审美现代性[J]. 学术月刊，2001（5）：43-47.
[4] 寇鹏程. 中国审美现代性研究[M]. 上海：上海三联书店，2009：137.
[5] 周宪. 审美现代性范畴的结构描述[J]. 文艺研究，2004（2）：15-23，158.
[6] 周宪. 审美现代性批判[M]. 北京：商务印书馆，2005：导言，1-11.
[7] 戴国斌. 看不见的武术套路美：一项文化研究[J]. 体育科学，2004（4）：65-67，79.
[8] 李龙. 论中国传统武术文化的现代化出场[J]. 中国体育科技，2010，46（2）：140-144.
[9] 杨建营. 现代性支配下的武术现代化发展研究[J]. 上海体育学院学报，2012，36（5）：66-72.
[10] 马廉祯. 论中国武术的现代转型与竞技武术的得失[J]. 体育学刊，2012，19（3）：114-120.
[11] 洪浩. "西化"与"本土化"：传统武术现代化之路[J]. 搏击（武术科学），2013，10（7）：2.
[12] 王岗，韩政. 对"入奥失败"后中国武术发展的理论思考[J]. 武汉体育学院学报，2014，48（12）：5-10.
[13] 关铁强. 中国武术"现代化"：起源、批判与反思[J]. 山东体育学院学报，2017，33（3）：57-62.

展出现了文化内涵弱化和艺术化趋势。②武术同质化。冉学东[①]、刘文武[②]、潜沉香和刘建军[③]、韩衍金[④]认为，文化模仿及去传统化使武术现代化发展出现文化迷失和同化现象；技击弱化和标准化使武术在现代化的改造过程中出现了技术失真和动作雷同现象。③武术神秘化和消费化。邱丕相和王震[⑤]、庹继光和陆高峰[⑥]、孟涛和崔亚辉[⑦]、李翠霞等[⑧]、李臣等[⑨]通过文献资料法、逻辑分析法回顾了中华人民共和国70年武术发展的历程，指出随着（审美）现代性的凸显，民间武术逐渐开放，社会上的怪力乱神相继出笼，封建迷信沉渣泛起；加之媒体影视对传统武术的误导、武术的表演性与实战性争辩等，当代武术发展出现了神秘化（造假）和消费化（炒作）现象。④武术迷失方向。张震[⑩]、刘文武等[⑪]、王岗等[⑫]通过文献梳理和比较分析发现，以往研究普遍犯有"为武术发展而研究武术发展"的偏弊，现代性的工具理性使武术迷失了方向和对其发展往事的记忆；提出只有发现武术本真，才有可能真正去探讨武术发展什么和如何发展的问题。

综上所述，国内外学者关于现代性和审美现代性的研究比较成熟，二者"相互否定和对抗多于建设"的共识为本研究的开展奠定了理论基础；同时，我国学者以其敏锐的"问题意识"开始关切武术（审美）现代性与当代发展这一前沿理论命题，取得了一些研究成果。但是客观评价仍有不足：①理论的系统性。前期研究针对武术发展中的核心问题少有触及审美现代性的问题域，尚未形成武术审美现代性与武术发展之辩证关系的理论体系。②方法的交叉性。现有研究较多运用现代性（现代化）理论，以及采用文献资料、逻辑分析、比较分析等方法。事实上，针对审美现代性与当代武术发展研究，还需融合美学、社会学、心理学、

---

① 冉学东. 对中国武术体育化进程的文化反思[J]. 成都体育学院学报，2014，40（1）：43-48.
② 刘文武. 论武术在当代社会的发扬[J]. 成都体育学院学报，2017，43（2）：42-47，66.
③ 潜沉香，刘建军. 中国武术异化研究[J]. 体育文化导刊，2017（2）：76-79，85.
④ 韩衍金. 武术发展中"失真与异化"问题的研究述评[J]. 哈尔滨体育学院学报，2019，37（6）：66-70.
⑤ 邱丕相，王震. 中国武术的回眸与展望[J]. 体育学研究，2018，1（3）：55-60.
⑥ 庹继光，陆高峰."徐L约架"负面效应与武术文化传播策略[J]. 淮阴师范学院学报（哲学社会科学版），2017，39（5）：520-532，540.
⑦ 孟涛，崔亚辉. 新中国武术70年发展历程解读及当代思考[J]. 首都体育学院学报，2019，31（5）：391-397.
⑧ 李翠霞，赵岷，常乃军. 中国武术的现代化之殇[J]. 武汉体育学院学报，2016，50（8）：49-55.
⑨ 李臣，郭桂村，张帆. 新时代中国武术传承发展的困境与消解[J]. 武汉体育学院学报，2019，53（7）：65-70.
⑩ 张震. 论当代武术发展中的逻辑悖论及超越[J]. 南京体育学院学报（社会科学版），2015，29（3）：20-25.
⑪ 刘文武，朱娜娜，闫民. 对以往武术发展研究的反思——基于"文化工具论"的视角[J]. 西安体育学院学报，2016，33（4）：451-455.
⑫ 王岗，赵连文，朱雄."再发现"与"再出发"：中国武术发展的文化反思[J]. 体育学研究，2019，2（2）：6-14.

现象学等多学科理论,以及运用现象学方法、个案分析法、专家访谈法、跨学科研究法等开展定性与定量、理论与实证综合交叉的研究。③内容的深入性。现有研究偏重对武术发展困境的线性分析和描述,就问题谈问题居多;有些研究虽认识到现代性对武术发展带来的弊端,却少有从审美现代性角度进行的剖析或破题;在审美现代性批判视域下对当代武术发展进行多维重建的研究更是鲜见。

(二)研究意义

本研究的意义:①通过厘定武术现代性与武术审美现代性的问题域,丰富武术研究的文化内涵,为武术学科体系构建夯实理论基础;②从审美现代性角度切入,在批判视域下探讨当代武术发展,为武术理论研究开辟一种新的学术视野;③在审美现代性批判基础上多维重建当代武术发展的价值取向、逻辑理路及实践路径,为前期相关研究做有益补充。另外,本研究能够为当代武术健康发展把脉引航,能够为相关政府部门和行业协会科学制定武术发展规划提供一手资料,能够为我国体育强国建设及中华优秀传统文化复兴增添助力。

二、理论依据和研究方法

本研究主要以现代性、审美现代性,以及马克思主义美学观、和谐发展观为理论依据。同时,通过文献资料法、现象学方法、案例分析法、专家访谈法、跨学科研究法等展开定性与定量、理论与实证相结合的交叉研究。

(一)理论依据

1. 现代性

现代性是一个复杂的概念丛。本研究所指的现代性是与现代化相联系,与审美现代性相对立的。同时,现代性与审美现代性又有许多相通的理论和逻辑,需要根据语境具体问题具体分析。

2. 审美现代性

现代性分类复杂,包括多元现代性,其中,审美现代性主张的复魅和感性是针对现代性的科学和理性提出的质疑与批判。使用的理论审美现代性与现代性是一对相对应的理论,非现代性的下级分类属性;有时论述现代性与审美现代性时,二者又是相通的甚至是重合的，很难一刀切或者绝对分割，有一种"剪不断理还乱"的感觉。

3. 马克思主义美学观

本研究主要采用马克思主义美学观，即"美是人的本质力量对象化"[1]，以及李泽厚[2]先生对此延续和发展的"美是合规律性与合目的性的统一，美具有客观性和社会性"等相关理论。具体说，美的客观性是指美不依存于人的意识、情趣而能独立存在；美的社会性是指美虽不依存人的意识、情趣，但依存人类社会。美不属于社会意识范畴，却属于社会存在范畴。因此，"美不是物的自然属性，而是物的社会属性。美是社会生活中不依存于人的主观意识的客观现实的存在"[3]。

4. 和谐发展观

中国自古即是一个崇尚和谐发展的国度，和谐发展的理念早已渗透到社会领域的各个方面。当代武术的和谐发展观应从武术的多维层面给予体现：既要考虑传统与现代、经典与时尚、民族与世界的层面，也要顾及文化与科技、感性与理性、技击与艺术的层面，等等，不一而足。

（二）研究方法

1. 文献资料法

通过中国知网、维普、Web of Science（SCI/SSCI/A&HCI）数据库（运用文献检索的直接法和追溯法，按照主题进行交叉遴选）、国家图书馆、湖南省图书馆、湖南师范大学图书馆查阅、收集并整理现代性和审美现代性，以及美学、社会学、心理学、现象学等领域的研究文献，复印相关资料，采集相关信息；同时，掌握关于武术审美、武术发展，以及二者辩证关系的理论前沿动态；浏览国家体育总局、中国武术协会等官方网站，搜集近年来有关体育强国、武术发展的政策文件、资料和法律法规，并对其进行筛选、分类与归纳，为本研究夯实理论基础。

---

[1] 马克思. 1844年经济学哲学手稿[M]. 刘丕坤，译. 北京：人民出版社，1979：77.
[2] 李泽厚. 美学旧作集[M]. 天津：天津社会科学院出版社，2002：10, 27.
[3] 李泽厚. 美学旧作集[M]. 天津：天津社会科学院出版社，2002：27.

中国武术审美现代性批判与当代发展

2. 现象学方法

现象学（Phenomenology）是指包括感觉、回忆、想象和判断等一切认知活动的意识形态。现象学是 20 世纪由德国哲学家胡塞尔创立的，它既是一种理论，也是一种方法。胡塞尔倡导的现象学主张在各人文学科内运用现象描述或本质还原法，从中获取较直接、较真确的知识。以往研究多是指出武术的（不良倾向）现象，而没有深入探讨产生这种现象的深层次原因，如武术的艺术化解析、武术造假的资本现代性本质等。本研究采用现象学的理论与方法，对武术的典型案例和某类社会现象进行深描、分析和判断，利用本质还原法推演出该类武术现象的内在本质或事物共相，试图透过武术现象挖掘其背后的本质。

3. 案例分析法

中国武术审美的模糊性、审美现代性的感性及中国武术的庞杂性给本研究的文本阐释带来一定的难度。因此，一方面，为了增强学理性和说服力，对武术审美现代性偏激表现的文本阐述通过案例分析找到武术发展中的共性问题，以便对这些问题进行可操作性层面的论证，力求给予理论分析上的客观佐证和实证支撑；另一方面，通过从四个不同视角选取案例具体解析当代武术发展的相关问题，以回应中国武术审美现代性批判与当代发展的研究主题。

4. 专家访谈法

就本研究的思路、框架和主体内容咨询求教业内专家。对武术审美现代性及当代武术发展的相关问题进行归纳总结，形成初步的访谈提纲，采用面对面访谈、电话访谈、网络访谈的形式，先期访谈三名资深专家，然后结合专家意见修订访谈提纲并全面预约八名专家。对专家进行深度访谈并结合头脑风暴、信息交流，综合分析探讨当代武术发展的价值取向、逻辑理路及实践路径。访谈专家基本信息如表 0-1 所示。

表 0-1 访谈专家基本信息

序号	姓名	单位	职称
1	吉 CZ	南京师范大学体育学院	教授
2	郭 ZH	吉首大学体育学院	教授
3	马 XJ	成都体育学院	教授

续表

序号	姓名	单位	职称
4	李 Y	河北科技师范学院体育学院	教授
5	侯 SC	郑州大学体育学院	教授
6	温 Y	南京体育学院	教授
7	刘 Y	湖北大学体育学院	副教授
8	李 WD	华中师范大学体育学院	副教授

5. 跨学科研究法

运用美学、社会学、艺术学、心理学、现象学，以及现代性、审美现代性、视觉文化、文化强国、体育强国等思想、理论和方法从整体上对当代武术的发展进行综合交叉研究。

三、基本观点和创新点

从武术发展进入审美现代性阶段、武术审美现代性的表征、武术审美现代性亦应强调人文教化价值，以及审美现代性批判视域下当代武术发展的模式与路径等方面提出五种基本观点；本研究的特色和创新主要体现在学术思想、学术观点和研究方法上。

（一）基本观点

观点 1：审美现代性（Aesthetic Modernity）是对现代性的一种反思和超越，它通过审美将人的主体性和感性因素予以提升，体现出一种新的审美文化范式[①]。审美领域的现代性是一种与传统审美价值、审美理想相异，甚或是与传统审美文化相断裂的新的美学范式[②]。应该说，在以现代媒介（电视、电影、互联网）为支撑的视觉文化时代，人们的思想观念、思维方式、价值取向及审美心理均发生了显著变化，继而出现了这种新的美学范式。此种美学范式反映在武术领域，即它不再像传统社会那样将技击美、实用美放到至高无上的地位，而是迎合感性时代、消费社会之需求，使武术发展偏离实用技击而偏向于艺术化竞技；对于这种现代

---

① 寇鹏程. 中国审美现代性研究[M]. 上海：上海三联书店，2009：11.
② 周宪. 审美现代性批判[M]. 北京：商务印书馆，2005：71.

性的转变，有些学者认为"武术的现代化演进改变了武术的技击本质"[①]；"武术现代性表现为与传统武术的全面断裂"[②]；等等。本研究认为恰恰是这些现象和研究结果表明，视觉文化时代武术发展已经进入审美现代性阶段。

观点2：马克斯·韦伯[③]认为，西方现代化的过程就是一个不断分化的过程。哈贝马斯[④]视分化为现代性的基本特征、事物理性化的一个结果。受中国社会现代性的影响，武术逐渐分化，传统武术"艺、体、用"三位一体之功用开始解构。由于审美现代性突出审美的感性化等，这在一定程度上引领了武术的艺术化生产以符合客观社会发展的需要。从艺术社会学的角度看，当代武术的艺术化就是其审美现代性的表征之一。

观点3：20世纪90年代以来，中国审美文化总体上表现出由超越迈向随俗、由超越性追求向日常生活的转变[⑤]。原来的精英式审美被大众化审美所取代，武术融入了大众的日常生活。21世纪，视觉文化的全覆盖更是促进了消费时代的悄然降临，并且为社会从生产模式向消费模式的转变提供了得天独厚的条件。武术借助视觉文化的"魅力展现"培育了大量的消费群体并使其消费理念逐渐深入人心，出现了武术审美现代性的表征之二。

观点4：由于大众文化、时尚文化具有一定的盲目性和盲从性[⑥]，武术审美现象如此不代表武术审美就应该如此，武术审美应是"美指向高远的精神境界"[⑦]。武术的审美现代性一定要保持自律和反省，以期修正武术现代性的不良后果。在武术现代性过程中出现了人文精神与科学技术（价值理性与工具理性）的决然对立，其实这是一种夸张的表现，也是一种极端的行为。武术应该将自己放到"文化"的高度，借助科技手段呈现人文精神，而不应将武术审美的人文教化价值遮蔽。

观点5：针对武术发展的审美现代性，提出适时葆有一种理性的批判精神，强调武术的人文价值及其在各种武术样式中的渗透以利于自身的健康发展与生态

---

① 杨建营, 谢恩杰, 王常龙. 武术的现代化演进对其本质和定义的影响研究[J]. 西安体育学院学报, 2011, 28（2）：181-185.
② 戴国斌. 武术现代性的断裂[J]. 体育文化导刊, 2004（2）：35-38.
③ 马克斯·韦伯. 马克斯·韦伯社会学文集[M]. 阎克文, 译. 北京：人民出版社, 2010：344.
④ 哈贝马斯. 作为"意识形态"的技术与科学[M]. 李黎, 郭官义, 译. 上海：学林出版社, 1999：37.
⑤ 李世涛. 从超越走向世俗——论西方审美现代性的媚俗面相[J]. 扬州大学学报（人文社会科学版）, 2008, 12（2）：43-48.
⑥ 王一川. 大众媒介与审美现代性的生成[J]. 学术论坛, 2004（2）：121-125.
⑦ 叶朗. 美指向高远的精神境界[N]. 人民日报, 2014-11-21（24）.

稳定。找出制约当前武术发展的不利因素，重构武术的发展模式及实现路径，使其回归主流社会价值，担负起人文教化与文化传承的重任。

（二）创新点

本研究的创新点体现在：①业界对武术艺术化（失真）、同质化（异化）、神秘化（造假）、消费化（炒作）的现象多从现代性角度进行反思和批判。然而笔者认为，上述现象皆因武术现代性与审美现代性"互否"，以及武术审美现代性过分强调复魅和感性所致；据此提出，只有针对武术审美现代性的偏激表现进行理性批判，才能引领当代武术健康发展的思想主张。②针对当代武术发展的症结，笔者突破已有"各执一端"的思维逻辑，摒弃现代性与审美现代性彼此颉颃式的对抗；提出采用"文化与科技相融合"的理念及"宜疏不宜堵"的方法论原则，通过二者建立一种良性的参照系来深度挖掘当代武术"去对抗化"的发展潜力，以保障其守正创新的学术观点。③针对前期研究多采用现代性理论及一般定性规范的研究方法，本研究拟融合美学、社会学、心理学、现象学等理论知识，以及采用文献资料法、现象学方法、案例分析法、专家访谈法、跨学科研究法开展定性与定量、理论与实证、宏观与微观相结合的综合交叉研究。

四、相关问题说明

为了能够有效聚焦本研究的思想主旨、框架脉络和研究范畴，避免泛泛而谈，主要从相关命题界定、涉及的审美标准、相关记述引证的说明、借鉴中西方美学思想的说明等方面给予说明。

（一）相关命题界定

叔本华[①]认为，认识世界和知识的形成源于直观感性认识，而上升到抽象理论就从概念开始，他在《作为意志和表象的世界》一书中指出："一个概念所赅括的很多，即是说很多直观的表象，甚至还有些也是抽象的表象，都和它有着认识根据的关系，也即是都要通过它而被思维"。因此，本研究首先需要对书中的核心概念进行界定，其次需要对其理论进行必要说明，以便廓清概念属性，厘定研究边界。

---

① 叔本华. 作为意志和表象的世界[M]. 石冲白, 译. 北京：商务印书馆，1982：77.

1. 中国武术

中华人民共和国成立后，人们对武术有了新的认识，这里列举十二种不同年代、不同版本比较有代表性的武术定义，如表 0-2 所示。

表 0-2　中华人民共和国成立后十二种有代表性的武术定义之比较[①]

序号	年代	出处	定义	要点
1	1961年	《武术》人民体育出版社	武术是以拳术、器械套路和有关的锻炼方法所组成的民族形式体育。它具有强筋壮骨、增进健康、锻炼意志的作用，也是我国具有悠久历史的一项民族文化遗产	（1）定位：民族形式体育、民族文化遗产。（2）内容与形式：拳术、器械套路和有关的锻炼方法。（3）作用：强筋壮骨、增进健康、锻炼意志等
2	1978年	《武术》人民体育出版社	武术是以踢、打、摔、拿、击、刺等攻防格斗动作为素材，按照攻防进退、动静疾徐、刚柔虚实等矛盾相互变换的规律编成徒手和器械的各种套路。它是一种增强体质、培养意志、训练格斗技能的民族形式的体育项目	（1）定位：民族形式的体育项目。（2）内容与形式：徒手和器械的各种套路。（3）要素：以踢、打、摔、拿、击、刺等攻防格斗动作作为素材，遵循攻防进退、动静疾徐、刚柔虚实的变换规律。（4）作用：增强体质、培养意志、训练格斗技能
3	1982年	《中国大百科全书·体育》中国大百科全书出版社	武术，中国传统体育项目，具有极其广泛的群众基础，是中国人民在长期社会实践中不断积累和丰富起来的一项宝贵的文化遗产	定位：中国传统体育项目、文化遗产
4	1983年	《武术》人民体育出版社	武术是以踢、打、摔、拿、击、刺为素材，遵照攻守进退、动静疾徐、刚柔虚实等规律，组成套路，或在一定条件下遵照一定的规则，两人斗智较力，形成搏斗，以此来增强体质、培养意志、训练格斗技能的体育运动	（1）定位：体育运动。（2）内容与形式：套路、搏斗。（3）要素：以踢、打、摔、拿、击、刺为素材，遵照攻守进退、动静疾徐、刚柔虚实等规律，遵照一定的规则，两人斗智较力。（4）作用：增强体质、培养意志、训练格斗技能

[①] 孙刚. 中国武术审美文化研究[M]. 北京：人民出版社，2018：13-15.

绪 论

续表

序号	年代	出处	定义	要点
5	1990年	《中国武术大辞典》人民体育出版社	武术是中国传统的技击与健身技术，是以套路和对抗为基本运动形式的体育项目	（1）定位：中国传统技击与健身技术、体育项目。 （2）内容与形式：以套路和对抗为基本运动形式
6	1996年	《武术》高等教育出版社	武术是以技击动作为主要内容，以套路、格斗、功法为运动形式，注重内外兼修的中国传统体育项目	（1）定位：中国传统体育项目。 （2）内容与形式：以技击动作为主要内容，以套路、格斗、功法为运动形式。 （3）特点：注重内外兼修
7	1996年	《武术学概论》人民体育出版社	武术是以技击为主要内容，以套路和格斗为运动形式，注重内外兼修的中国传统体育项目	（1）定位：中国传统体育项目。 （2）内容与形式：以技击为主要内容，以套路和格斗为运动形式。 （3）特点：注重内外兼修
8	1997年	《武术理论基础》人民体育出版社	武术是以中国传统文化为理论基础，以内外兼修、术道并重为鲜明特点的中国传统体育项目	（1）定位：中国传统体育项目。 （2）内容与形式：以中国传统文化为理论基础。 （3）特点：以内外兼修、术道并重为鲜明特点
9	1998年	《中国武术百科全书》中国国大百科全书出版社	武术是以技击动作为主要内容，以套路和格斗为运动形式，注重内外兼修的中国传统体育项目，是中国传统文化的组成部分	（1）定位：中国传统体育项目、中国传统文化的组成部分。 （2）内容与形式：以技击动作为主要内容，以套路和格斗为运动形式。 （3）特点：注重内外兼修
10	2003年	《中国武术史》人民体育出版社	武术是以技击动作为主要内容，以套路和格斗包括功法练习为活动形式，注重内外兼修的中国传统体育项目	（1）定位：中国传统体育项目。 （2）内容与形式：以套路和格斗包括功法练习为活动形式。 （3）特点：注重内外兼修
11	2004年	《中国武术教程》人民体育出版社	武术是以攻防技击为主要技术内容，以套路演练和搏斗对抗为运动形式，注重内外兼修的民族传统体育项目	（1）定位：中国传统体育项目。 （2）内容与形式：以攻防技击为主要技术内容，以套路演练和搏斗对抗为运动形式。 （3）特点：注重内外兼修

11

续表

序号	年代	出处	定义	要点
12	2009 年	武术定义和武术礼仪标准化研讨会（河南开封）	武术是以中华文化为理论基础，以技击方法为基本内容，以套路、格斗、功法为主要运动形式的传统体育	（1）定位：传统体育。（2）内容与形式：以中华文化为理论基础，以技击方法为基本内容，以套路、格斗、功法为主要运动形式

由上述内容可见，武术概念的内涵和外延一直处于不断变化之中。从不同视角审视武术、不同层面界说武术，就会得到不同的结果。例如，运动说、体育说、身体说、文化说等，"横看成岭侧成峰"，虽各有特色，但并未综合。武术概念只有进行多维度解析，整体上考究，才能助益新时代武术发展。自古以来，武术是一个动态的变化实体，军事武艺、实战武术、体育武术、演艺武术、健康武术等，样式不同，功能不同。武术概念本身是高度抽象和具有概括性的，用现实中的任何语言描述都可能是偏颇的。换言之，我们不可能区分出可以将武术刻画为武术的那些特征，因为用于区分的标准并不唯一[①]。大武术观的提出基本能够解决上述概念定义的问题，大武术观是将武术所有存在的和存在过的样式统筹起来，并未用有限的语言进行界定，只是笼统地划定范围。这样避免了遭遇"所有能用语言表达的，都无意义"（哲学家维特根斯坦：凡是可说的，皆无意义）的尴尬。本研究限于武术定义本身的局限性——注重形式逻辑意义上的定义会扼杀被定义项本身所嵌入的意义结构，仅描述武术概念应包含的内容为：多维度、体系性、过程性的技击，是一种运动技术体系，是一类身体技能，是一种体育项目，是一种文化形式、是一类精神操守。概要之，作为本研究对象的中国武术，是指大武术观视域下的武术，非狭义的体育层面的武术。

2. 审美文化

《朗文当代英语辞典》中认为，文化是指在一个社会中被人们所分享和接纳的观念、信仰和习俗[②]。文化来源于生活，又被生活所表征。文化就是自然的人化。审美文化贯穿在文化的所有领域，包括物质的、精神的和制度的。人与动物的根

---

① ANDINA, TIZIANA. The philosophy of art: The question of definition—from hegel to post-dantian theories[M]. London: Bloomsbury, 2013:100.
② 朗文出版公司. 朗文当代英语辞典（英语版）[M]. 北京：外语教学与研究出版社，1997：330.

绪　论

本区别就是按照美的规律改造自身和创造对象世界。人的审美积极性就表现在人的一切活动中。审美文化包括既有审美价值又具实用价值的一切物质产品。审美文化会与时俱进，但它总是一定社会的、民族的、阶级的时代产物。

审美文化是当代美学研究的新动向，它融合了社会学、人类学、审美学、文化学等多学科知识体系并体现出仿像社会、视觉文化等时代特征。"审美文化"一词最早出现在西方学者席勒的《美育书简》中。两个多世纪以来，学界对其概念并未达成理论共识，但国内一些学者从不同视角尝试地进行了界说。例如，复旦大学朱立元[①]教授认为，审美文化是具有一定审美特性和价值的文化形态或产品。中国社会科学院哲学研究所聂振斌[②]研究员认为，审美文化为现代文化的主要、高级形式，它把超功利性和愉悦性原则渗透到整个文化领域，以丰富人的精神生活。北京大学叶朗[③]教授认为，审美文化为人类审美活动的物化产品、观念体系和行为方式的总和。南京大学周宪[④]教授认为，审美文化是有审美属性或审美价值的文化。此外，山东大学周纪文[⑤]教授从审美文化研究的时代性、民族性和规律性视角指出，审美文化研究应该与历史紧密结合，在历史的进程中去发现和总结。由此可见，我国多数学者认为，无论是在传统介质下还是在新媒介下，审美文化都要体现出人类在特定历史阶段所表现出的审美趣味、审美价值和审美方式。

3. 视觉文化

"视觉文化"一词自从电影理论家巴拉兹提出以来，迄今为止，它的概念学界还没有达成理论共识。诸多学者更倾向于从他们的专业角度对其特征进行提炼和概括。美国文化人类学家格尔茨十分形象地将视觉文化比附为"浅描"说，即如同照相机拍照片，它只从表面看事物，而不深入到社会、文化层面阐释意旨；德国哲学家威尔什则将视觉文化凝练为"表层的审美化"，是一种"消费社会中的快乐主义"；法国思想家德波更近一步地将视觉文化描述为"世界已经被拍摄"了的景观社会。此外，还有瓦尔特·本雅明的"图像的复制"、雅克·拉康"他者想象"的镜像理论、让·鲍德里亚的"拟像"、唐娜·哈拉维的"机械化之眼"、马丁·海

---

① 朱立元．"审美文化"概念小议[J]．浙江学刊，1997（5）：44-47．
② 聂振斌．什么是审美文化？[J]．北京社会科学，1997（2）：13-16．
③ 叶朗．现代美学体系[M]．北京：北京大学出版社，1988：259．
④ 周宪．中国当代审美文化研究[M]．北京：北京大学出版社，1997：150．
⑤ 周纪文．中华审美文化通史·明清卷[M]．合肥：安徽教育出版社，2006：3．

德格尔的"世界图像"、福柯的"全景敞视主义"等，不一而足。由此可见，视觉文化更多意指那些与视觉媒介密切相关的领域，其中，图像文化已成为最抢眼的表征，它通常以直观、感性的形式展现事物，无形中改变着人们的审美观念。

学者周宪[①]认为，视觉文化的基本含义在于视觉因素，或者说形象或影像占据了文化的主导地位，强调视觉快感，专注于感性的愉悦。20世纪90年代以来，视觉文化在我国逐渐成为主导文化，对当代人的生活产生了很大的影响。从生活到生产、从物质到精神，视觉文化以无孔不入的力度覆盖了人们的一切。正如有研究者指出："21世纪初，随着电子技术的发明和迅速普及，大众传媒相应地由印刷文化转型为视觉文化，由此导致了整个文化领域的视觉转型。"[②]应该说，随着计算机、互联网、多媒体等为代表的高新技术产业在我国的快速发展和普及，大众的现实生活真正地进入了视觉文化时代。一切都以图像或者类图像的方式呈现，人们的审美界域、方式、趣味、价值、追求等都相应地发生了转变。

（二）涉及的审美标准

本研究的审美标准趋向于古典美和东方美，是在民族集体无意识的前提下所形成的主流美学。武术受中国传统文化的熏染和浸润，形成了不同于世界各国技击术的文化特性，其中蕴含着丰富的美学内涵更是武术区别于其他武技的显著特征。武术是一种打的技术，但它在发展过程中更倾向于打的艺术。中国古典美学的核心因子——道、气、自然，神韵、意境、和谐等在武术中均有集中的体现，武术在数千年的发展历程中，形成了比较稳定的审美文化内涵。诚如，美善统一的社会风范，使得仁礼教化成为武术审美的核心价值；注重内蕴、含蓄蕴藉的特性，使得品味与体悟成为它审美的特有方式；似真非真、离形得似，又使神形兼备成为评价武术美不美的重要标准；会意性、朦胧性，更使得意象意境成为武术美亘古不变之追求。崇尚"天人合一""人人和谐"的理念与追求"传统与现代二维统一"的中庸思想又使"和谐"成了武术美的核心因子。因此，武术在当代的发展过程中，要充分考虑武术美的核心元素，不能跟着一时的风尚，背离了武术审美文化的底线，使其成为一种不伦不类、"非驴非马"的他物，那样就是再美也不是武术所追求的美。

---

① 周宪. 视觉文化与消费社会[J]. 福建论坛（人文社会科学版），2001（2）：29-35.
② 徐放鸣. 审美文化新视野[M]. 北京：中国社会科学出版社，2008：253.

（三）相关记述引证的说明

本研究在引证过程中多使用了一手资料，尊重作者原创；对访谈专家的观点进行综合整理与分析后，转述在书中或附录中；少部分转引均已注明出处。

（四）借鉴中西方美学思想的说明

我国改革开放后，随着中西方思想的互融，人们对武术有了全新的认识；20世纪80年代以来，时代的发展铸就了武术的辉煌，武术发展呈现出新的气象，大量武术科研成果不断涌现，同时也催生了人们对武术美学理论的日益关注，并逐渐趋于比较系统的知识体系探讨（彼时以中国古典美学为主，借鉴西方美学，初步形成了中西美学相融合的局面）。总体上认为，武术美是真、善、美的有机结合，并且寓于技击之中，通过技击的形式表现出来，脱离了技击无从谈美，强调意识美、精神美是武术美的灵魂；同时指出，武术美深受中华传统文化的影响，与中国古典美学有着同宗同源的关系，与其他艺术门类，如舞蹈、绘画、书法等有着类似的审美属性（需要吸收和借鉴）。纵观武术美学研究三十年，基本上都认为武术根植于民族传统文化沃土之中，传统美学思想是武术美学思想的源泉；武术审美现代性对武术传统美形成了一定的挑战。本研究本着批判纠偏的态度，在借鉴中国舞蹈、绘画、书法等传统审美思想的同时也顾及西方美学思想，将其融会贯通，运用于当代武术审美文化之中。

第一章 现代性与审美现代性

【内容提要】 现代性与现代化关系紧密。现代化侧重于过程，是物质、制度层面的转型；现代性是现代化转型后的文化状态或情景，倾向于精神层面。现代性是现代化过程的结果与表现，而审美现代性又是在现代性的基础上所形成的，审美现代性与现代性颉颃的意味浓厚，二者更多体现的是相对立的范畴。现代性倾向于工具理性或技术理性；审美现代性倾向于价值理性或表现理性。审美现代性反思现代性，要消解现代性，要克服和超越工具理性，它是对现代性的对抗、超越甚至否定。

近现代以来，"现代性"一词频频出现在大众视野。何谓现代性，或许人们并不确切知晓，但人们能时时处处感受到现代性给自己日常生活带来的影响。现代性有启蒙思想的意味，科学和理性是其主要特征。现代性与现代化、现代性与审美现代性均有着千丝万缕的联系。

第一节 现　代　性

现代性（Modernity）一词源于17—18世纪的西方。1850年前后，现代性率先由法国现代派诗人波德莱尔提出，他认为"现代性就是过渡、短暂、偶然；它是艺术的一半，另一半则是永恒与不变"[1]（现代性"就是过渡性、昙现性和或然性，是艺术的一半。艺术的另一半是永恒不变的"[2]）。任何艺术、任何美都是永恒性和当时性的合二为一，是双重组合。所谓笔墨千古不变，形式应随当代。波德莱尔眼中的现代性就是追"新"逐"后"，是对既有形态的否定和破坏。从表现

---

[1] 波德莱尔. 波德莱尔美学论文选[M]. 郭宏安, 译. 2版. 北京：人民文学出版社, 2008：439-440.
[2] 安托瓦纳·贡巴尼翁. 现代性的五个悖论[M]. 许钧, 译. 北京：商务印书馆, 2005：21.

第一章 现代性与审美现代性

形态看,现代性是通过与传统的决裂来显示自身的特殊身份和地位的。

一、现代性与现代化

现代性与现代化关系紧密,二者的侧重点不同。现代化概念起源于西方。在英语中,表达这一概念的主要词汇即由Modern演变而来的Modernity(现代性)、Modernize(使现代化)、Modernization(现代化)三词[1]。现代化概念传入我国后,很快便超越了"现时代化"的表层含义,有效整合了工业化、科学化、民主化、理性化等多维内涵,成为近代中国用于表达整体发达、文明、进步之意的宏大概念[2]。现代化多用来表示过程,现代性则用来表示完成与后果[3]。事实上,现代性孕育着稳定,而现代化过程却滋生着动乱[4]。波德莱尔的启蒙现代性,霍尔的经济层面、社会层面,刘小枫的现代化题域等,这些思想的共同点是肯定工业化和现代化是现代性确立的一个首要标志[5]。民族主义和民族都是现代化的产物,而现代化是社会向现代性转变的全球趋势[6]。安东尼·吉登斯将现代性(现代化)看作是资本主义倡导的"后传统的秩序"[7]。"现代化是近代以来人类历史发展的潮流和大势,表现出客观的性质。现代性作为现代化的结果,是一种精神体验和理论抽象,是客观性与主观性的统一,表现出实践的性质。现代化历史进程的客观必然性,并不意味着现代性理论抽象的绝对一元性"[8]。

简言之,现代性与现代化既相关又有区别。"现代化是社会转型过程,偏重于物质、制度层面。现代性是文化转型的内涵,偏重于精神层面。现代性是伴随现代化过程而产生的。现代性体现为一种现代理性精神,包括科学主义和人本主义两个方面。科学主义反对宗教蒙昧,相信科学可以掌握世界和人类命运。人本主义反对中世纪神本主义,肯定人的价值的至上性,相信人的理性本质,对人类前途充满乐观。中国明确引入现代性,是'五四'时期树立的科学、民主两种理性

---

[1] ONIONS C T. The shorter Oxford English Dictionary on historical principles[M]. Oxford: The Clarendon Press, 1987: 1268.
[2] 黄兴涛,陈鹏. 民国时期"现代化"概念的流播、认知与运用[J]. 历史研究, 2018(6): 70-90, 189.
[3] 刘怀光,靳阳阳. 文化现代性的现代性根源与矛盾析论[J]. 理论导刊, 2015(3): 41-44.
[4] 塞缪尔·P. 亨廷顿. 变化社会中的政治秩序[M]. 王冠华,刘为,等译. 上海:上海人民出版社, 2021: 31.
[5] 李进书. 现代性"终结"与审美现代性批判[J]. 东南学术, 2006(4): 110-115.
[6] SMITH D A. Ethno-symbolism and nationalism[M]. London: Routledge, 2009: 55.
[7] 安东尼·吉登斯. 现代性与自我认同:现代晚期的自我与社会[M]. 赵旭东,方文,译. 北京:生活·读书·新知三联书店, 1998: 3.
[8] 吕红霞. 对文化现代性批判理论的再审视——以新时代文化建设为视角[J]. 东岳论丛, 2020, 41(1): 109-116.

精神，可以说抓住了现代性的实质"①。

1954年，我国提出要实现工业、农业、交通运输业和国防的四个现代化的任务；1964年，确立了四个现代化即工业现代化、农业现代化、国防现代化、科学技术现代化的宏伟目标。新时代，党和政府又提出了建设中国式现代化。"中国式现代化是中国共产党领导的社会主义现代化。既有各国现代化的共同特征，更有基于自己国情的中国特色。中国式现代化是人口规模巨大的现代化，是全体人民共同富裕的现代化，是物质文明和精神文明相协调的现代化，是人与自然和谐共生的现代化，是走和平发展道路的现代化"②。现代化作为社会变迁的整体性进程，既是物质技术基础、经济领域的现代化，表现为生产方式、生活方式等物质变革；又是思维方式、价值观念和文化领域的现代化，表现为精神世界的变革。在这两个层面的变革中，物质变革是基础，是精神变革的根本来源；反过来，精神变革是导引，引领着物质变革的基本方向。物质变革与精神变革统一于现代化的历史进程中，缺一不可，不可偏废。偏重物质方面的现代化就会导致工具理性膨胀、价值理性缺失、精神空虚、思想道德滑坡等③。随之出现的消费主义、享乐主义、功利主义就会滋生削蚀和破坏现代化成果的倾向。

"中国现代化进程充分体现了事物否定之否定的辩证特性：新时期是对建国后的扬弃，新时代则是对新时期的再扬弃；新时代在形式上是对建国后的某种回归，但在内容上已发展到更高水平上。从中国现代化进程来看，只有物质发挥基础性、本源性、决定性作用，精神发挥能动性、超越性、引领性的反作用，物质与精神的关系保持合理的张力，中国现代化事业才能顺利推进；一旦某一要素缺位或越位，一旦二者的关系发生错位，中国现代化事业将会遭受挫折"①。正如有学者指出："物质的现代化无法取代精神的现代性。"④可见，现代性偏重精神层面，而现代化偏重物质层面，如经济、政治等。中华人民共和国成立初期，四个现代化的提出，促进了中国社会物质层面的极大丰富；如今，中国式现代化的提出，更加注重物质文明和精神文明的协调发展、人与自然的和谐共生等。

---

① 杨春时. 论审美现代性[J]. 学术月刊, 2001（5）：43-47.
② 王伟光. 以中国式现代化全面推进中华民族伟大复兴[EB/OL]. （2022-11-15）[2024-06-11]. https://mp.weixin.qq.com/s?__biz=MzI4MDExNzg3Nw==&mid=2659247132&idx=1&sn=6e04443e74281db170724d459bbe5c7f&chksm=f0c91306c7be9a10886907c16f0a038a77dd0c319af084a0dbe2856e9043d7ed8c0cfe5307fb&scene=27.
③ 郝永平, 鲁秀伟. 从物质与精神的关系审视中国现代化进程[J]. 科学社会主义, 2021（4）：119-124.
④ 王建疆. 别现代：空间遭遇与时代跨越[M]. 北京：中国社会科学出版社, 2017：自序, 7.

二、现代性的概念

现代性有多种解释，不同国家、不同时期的学者们对此众说纷纭，可谓见仁见智。他们基本上是围绕着现代性与现代、现代化等相关词汇展开的。对于现代性的多种解释，存在一些较有代表性的界说，如"社会现代化就是工具理性合理化。如果说现代化是一种客观发生的历史过程，那么现代性就是对这个客观历史过程的逻辑概括"①，"现代性既是一套观念体系，又是一个文化规划，更是一项社会工程。现代性社会建制是一个通过合理化、合法化的方式建构高度组织化社会的过程"②。现代性既是一个交织着矛盾和歧义的概念群，又是一个充满张力的历史阶段和表现，它涉及许多不同层面的现代发展及其复杂的互动关系。现代性主要包含两个基本层面，一个层面是社会的现代化，它主要表现为理性主义对社会物质生产和精神文明方面的渗透，它所持续酝酿和推动的正是一种"向前看"的格局；另一层面则是以审美和艺术等活动作为承载的审美现代性，它常常以一种"反"的姿态对前一种现代性进行质询与重构③。从社会学角度探讨现代性：吉登斯将现代性看作是"后传统的秩序"。从哲学意义上探讨现代性：哈贝马斯把现代性看作是"一种新的社会知识和时代"，它用新的模式和标准来取代中世纪已经分崩离析的模式和标准。福柯把现代性理解为"一种态度"，而不是一个历史时期，不是一个时间概念。

对待现代性的不同态度决定了对待现代性的不同立场——支持、告别、重建，或在现代性与后现代性之间摇摆。支持者承认启蒙现代性的核心价值——理性至上、科技万能、个体中心、文明进步④。全球的现代性是不均衡的，一些国家和地区实质上是被排斥在现代性范围之外的，它们仍在期待着和召唤着启蒙与解放，因此"解放叙事"和"启蒙叙事"仍是现代性一个不可推卸的责任，我们还将继续生活在现代性之中⑤。由此可见，研究中国现代性与审美现代性议题，需要在借

---

① 王凤才. 21世纪语境中如何理解马克思的现代性批判?[J]. 山西大学学报（哲学社会科学版），2022，45（2）：11-16.
② 宋伟. 中国式现代化语境中的美育现代性问题[J]. 文艺争鸣，2022（3）：106-109.
③ 向丽. 乡土艺术与当代品味的建构——关于源生2016乡村音乐歌舞艺术节的思考[J]. 上海艺术评论，2017（4）：99-101.
④ 王凤才. 21世纪语境中如何理解马克思的现代性批判?[J]. 山西大学学报（哲学社会科学版），2022，45（2）：11-16.
⑤ 李进书. 现代性"终结"与审美现代性批判[J]. 东南学术，2006（4）：110-115.

鉴西方现代性的基础上，紧扣中国现代性的特殊性展开。

现代性作为一个具有高度涵概性的题域，逐渐成为一个理论问题或哲学问题。现代性不是一个客观静止的认识客体，它是一个复杂歧义的星丛，是一个家族相似或相异的谱系，是一个带着假面具的多幅面孔，是一个充满悖论背反的多重变体。在当代诸多现代性语境中，有社会的现代性、文化的现代性、审美的现代性、自反的现代性，有流动的现代性、坚固的现代性、可选择的现代性，有终结的现代性、未竟的现代性，有资本主义的现代性、社会主义的现代性，加之现代性与前现代、后现代的交割纠缠及全球化现代性与民族性的现实冲突，现代性题域变得更加纷纭繁复，经常让人云里雾里，难识庐山真面目。[1]

综上，本研究认为现代性是对传统的扬弃，它以工具理性和技术理性来修正传统的价值理性和人文理性，从科学角度对传统的感性和模糊进行重新评定，是现代社会发展的必然趋势和内在要求。

三、现代性的分类

"现代性是一个含意丰富的概念。我们可以按照马克思的社会结构两分法，从社会存在和社会意识两个路径首先将现代性分成社会现代性和文化现代性。文化现代性在最初主要体现为启蒙现代性。启蒙现代性是社会现代性在哲学上文化上的代言，其核心与基础是理性主义。随着从鼓吹启蒙到反思启蒙，文化现代性又裂变出审美现代性，从而形成审美现代性与启蒙现代性或社会现代性的对抗，这就是学界所谓的'两种现代性之争'"[2]。简言之，现代性分成社会现代性和文化现代性。文化现代性主要体现为启蒙现代性和审美现代性。也有学者认为，现代性的历史实践包括社会转型和文化变革两个方面，由此确立了社会现代性与文化现代性的区分[3]。

"现代性审美日常化的沉沦、大众化的享乐、抽象化的疏离、商品化的客观等事实，戕害了人的审美能力、物化了人的审美体验、弱化了人的审美批判，为资本逻辑宰制和意识形态把控创造了可乘之机。依循审美观念的思想历程、重拾审美的人性根基、重建审美的体验逻辑、追寻审美的价值理想成为直面审美困境、开掘审美意蕴、生成审美能力的重要问题，也是马克思审美思想研究要解决的重

---

① 宋一苇. 审美现代性批判如何可能[J]. 辽东学院学报（社会科学版），2008，10（5）：93-98.
② 吴浪平. 从启蒙到反思：两种现代性的生成[J]. 沙洋师范高等专科学校学报，2006（3）：43-46.
③ 徐向昱. 现代性实践与审美现代性[J]. 社会科学家，2014（8）：133-137.

要问题"[①]。中国文化的现代性是历史发展的必然。在此过程中,引发了一系列关于中国传统文化的争鸣,有人认为应该摒弃,有人认为应该复兴,这两种截然相反的态度本身就是现代性的抗拒表现。本研究所指的现代性既包括社会现代性,也包括文化现代性,是二者的综合体。

四、现代性的特征

马泰·卡林内斯库[②]认为,现代性有"五副面孔",分别为现代主义、先锋派、颓废、媚俗艺术和后现代主义,它们都属于审美现代性范畴。海德格尔认为,现代性有三个维度。他在《世界图像的时代》一文中,将现代性归结为技术的进步、世界的祛魅和世界的图像化[③]。技术的进步表现为生产能力的高速增长和技术主义;世界的祛魅表现为主体性的觉醒、神圣权威的陨落和稳固秩序的瓦解;世界的图像化表现为世界的被表象化,人们的视觉感官化。

现代性还表现为对传统的质疑、瓦解、颠覆与革新等。吉登斯指出现代性的显著特征是断裂性,更多的显现为现代社会与传统社会之间的断裂。吉登斯[④]强调:"我所说的断裂是指现代的社会制度在某些方面是独一无二的,其在形式上异于所有类型的传统秩序。"由此可见,现代社会的现代性更强调对传统的反叛,对传统秩序的颠覆,借以凸显出自身的独特性。吉登斯的嵌入理论也有力地论证了现代社会与传统社会之间的巨大差异性。传统社会相对单一、封闭的农耕文明,人们形成了无意识的传统惯性和历史经验,日常行为准则及价值判断标准主要依靠强大的道德约束力来维系和延续。

有学者认为,现代性主要是一个哲学范畴;并指出,"现代性是现代化的结晶,是现代化过程与结果所形成的属性。现代性具有如下三个特征:首先,它标志着从传统到现代的转变,表现为与某些传统的断裂;其次,自由构成现代性的核心,人的各种权利的保障构成现代性的前提;最后,现代性表现为建立起竞争机制与合理的规范,即竞争的理性化过程"[⑤]。

现代性是现代化物化的结果。现代性之科学技术统驭的技术性时空,其表征

[①] 崔佳. 马克思审美思想研究——审美实践的人性意蕴及其现代性批判[D]. 长春:东北师范大学,2020:摘要,1.
[②] 马泰·卡林内斯库. 现代性的五副面孔[M]. 顾爱彬,李瑞华,译. 北京:商务印书馆,2002:13-16.
[③] HEIDEGGER M. The age of the world picture[M]. London: Palgrave Macmillan UK, 1997: 70-86.
[④] 安东尼·吉登斯. 现代性的后果[M]. 田禾,译. 南京:译林出版社,2000:3.
[⑤] 陈嘉明. "现代性"与"现代化"[J]. 厦门大学学报(哲学社会科学版),2003(5):14-20.

是拼贴性、奇观性、消费性、解构性①。

同时，现代化偏于经济和政治，现代性偏于社会和文化。"经济学家、政治学家通常使用'现代化'一词，而社会学家、哲学家多使用'现代性'这一表达方式。经济学家和政治学家重在分析转型过程中社会经济的变化与社会组织形态的变化，社会学家和哲学家则重在考察社会关系的变迁和文化诉求的表达"②。

社会现代化与文化现代性是互动与统一的关系。"所谓现代化，基本上是指社会层面的现代结构转变，而现代性通常则是指思想观念和个体心性层面上的现代转型。现代化理论是对现代社会结构和政治制度及经济制度的系统解释和综合研究；现代性话语则是对处于现代社会中的个体与共同体之间的关系，以及个体与个体之间的关系的揭示，是对个体心性结构的现代形态及集体意识的现代变迁的探讨"③。

综上，现代性从理性主义出发，是利用工具理性祛魅的过程，是摆脱愚昧、迷信的过程，是追求科学、理性的过程，它崇尚科学主义与技术至上，价值判断标准是典型的工具理性和技术理性。

第二节 审美现代性

审美现代性与现代性相生相伴。审美现代性是对现代性弊端的反思和消解，而在此过程中，审美现代性也出现了一系列的偏激表现，需要再反思和再批判。

一、审美现代性的发端

审美现代性与启蒙现代性作为现代性中充满张力的两极而存在。"启蒙现代性更注重科学与理性的层面，与'认知-工具理性'相联系。作为对启蒙现代性的反叛与超越，审美现代性更关注文学与艺术的层面，与'审美-表现理性'相联系"④。审美现代性反思现代性，要克服和超越现代性的工具理性。

社会现代性是审美现代性发展的一个必然阶段。社会现代性导致的社会巨大

---

① 于忠民. 中国当代新武侠电影的现代性审美转向[J]. 民族艺术研究，2013，26（6）：114-119.
② 刘怀光，靳阳阳. 文化现代性的现代性根源与矛盾析论[J]. 理论导刊，2015（3）：41-44.
③ 曹卫东. 文化现代性：中德现代化比较研究[J]. 文艺研究，1998（4）：63-68.
④ 李士军. 审美现代性批判视域中的当代审美文化[J]. 洛阳师范学院学报，2010，29（4）：38-41.

变迁必然引起审美现代性的闪亮登场,在各种追新求异的现代主义思潮引领下,审美现代性逐渐认清技术理性和工具理性可能导致"单面人"的窘境,开始批判或修正现代性带来的后果——人文价值理性的缺失。"反传统、宗教的衰落和现代审美经验导致了西方审美现代性的媚俗面相,这里的媚俗主要指有意迎合大众审美的特征。西方审美现代性的媚俗面相主要表现在审美的大众化、审美的商品化,以及审美创新与文艺流派中的媚俗性"①。审美现代性的反省能力受到了商业社会的冲击。

在现代社会转型期,现代性引发、导致了审美现代性的出现。审美现代性又称为文化现代性、美学现代性;启蒙现代性又称为社会现代性、技术现代性等。

二、审美现代性的概念

20世纪90年代以来,审美现代性(Aesthetic Modernity)问题逐渐引起了国内学界的广泛关注与争议。审美现代性的提出为研究当下许多现象和热点问题提供了新的智力支撑。国内外学者在该论域所进行的种种研究,更为深入分析和探讨一些具体的学术问题提供了可贵的理论资源②。审美现代性概念复杂,不同角度考量会有不同界说。卡林内斯库③在《现代性的五副面孔》中认为,审美现代性是与社会现代化进程相对立的文化现代性;刘小枫④指出,审美现代性以感性为本体论归依,赋予艺术以宗教式的拯救功能,对世界采取一种审美的态度;王一川⑤指出,审美现代性是审美-艺术现代性的简称,它既代表审美体验上的现代性,也代表艺术表现上的现代性。不论审美现代性这一概念具有怎样的维特根斯坦所说的"家族相似"性的意义复合,其有一点是可以确证的,即对当下社会现实的关注,且以启蒙现代性的批判者的姿态出现。当下西方社会乃至中国社会,工具理性与技术理性过度膨胀,人们在物质生活极大丰富、享受现代文明的同时,精神家园却荒芜了。

"审美现代性,是相对于古典或者传统而言的。其表现为从古典艺术形态及其审美观念到现代艺术形态及其审美观念的转变。因此,审美现代性在这里实际上

---

① 李世涛. 从超越走向世俗——论西方审美现代性的媚俗面相[J]. 扬州大学学报(人文社会科学版),2008,12(2):43-48.
② 陈瑞红. 审美现代性:一种概念性探讨[J]. 南京农业大学学报(社会科学版),2005,5(3):92-96.
③ 马泰·卡林内斯库. 现代性的五副面孔[M]. 顾爱彬,李瑞华,译. 北京:商务印书馆,2002:52.
④ 刘小枫. 现代性社会理论绪论[M]. 上海:上海三联书店,1998:307.
⑤ 王一川. 现代性文学:中国文学的新传统——兼谈中国现代文学与文学研究[J]. 文学评论,1998(2):96-105.

是涵盖了审美与艺术现代性的综合概念，也就是说，它既代表着审美接受与审美体验层面的现代性，同时，也代表着艺术表达层面的现代性"[1]。"审美现代性是一种全新的审美追求，它与古典的审美原则、审美理想及价值范式不同，审美现代性涉及价值观念、态度和期望等方面的转变。由于东西方文明进程之间存在着巨大差异，西方的审美现代性主要是对'启蒙'的批判，是过度的现代化所带来的结果。在中国，审美现代性带着救国的意识，呼唤和建立一种现代性。因而，中国的审美现代性是作为建立现代中国的一个辅助的力量而不是和西方审美现代性一样是批判现代文明的力量。西方的审美现代性是社会文明极度发达的产物，而中国的审美现代性是开始于社会文明进程较低的程度上，西方审美现代性的一个重要内容之一是试图用审美来拯救社会中的弊病，对现代文明进行批判和抗议；中国的审美现代性则是呼唤、寻求建设一个现代文明，建设一个现代国家"[2]。

综上所述，本研究所指的审美现代性是与现代性相对立的概念，它以感性为本体论归依，以复魅为基本特征，坚持价值理性，赋予审美以拯救功能。

三、审美现代性的分类

"现代性结构中启蒙现代性与审美现代性之间的不平衡，导致了黑格尔艺术哲学与现实的审美经验之间的异质性。启蒙现代性由理性观念及理性观念的客观化，社会化的经济、政治、文化等各种制度构成，是以理性为内核的现代性。审美现代性是现代社会人们日常生活中审美文化活动、个人趣味爱好的思想形态，其本质是感性"[3]。本研究中的现代性多指启蒙现代性，本研究正是窥伺到了审美现代性与现代性相对立、相冲突的逻辑范畴而展开的。审美现代性的感性直觉就是荣格所谓的"集体无意识"。这种纯粹的感性直觉是原始的、本能的，并积淀在某一种族有着相同社会经验的全体成员的心里。卡林内斯库[4]在《现代性的五副面孔》中认为，现代性包括理性、实用、科学、进步等观念；审美的现代性是对现代性的反动，包括非理性、非实用、历史循环、审美感觉等。审美现代性的基本价值立场就是否定性。审美现代性的出发点是对资本主义文化逻辑的批判，其手段是

---

[1] 黄海. 舞台民间舞的审美现代性研究[D]. 北京：中国艺术研究院，2012：2.
[2] 黄海. 舞台民间舞的审美现代性研究[D]. 北京：中国艺术研究院，2012：4-5.
[3] 张政文，徐贤樑. 世界历史范式中的艺术类型——黑格尔艺术类型的启蒙现代性飞跃与审美现代性困境[J]. 文艺研究，2020（9）：34-43.
[4] 马泰·卡林内斯库. 现代性的五副面孔[M]. 顾爱彬，李瑞华，译. 北京：商务印书馆，2002：16-17.

对西方审美和艺术传统的不断否定[①]。哈贝马斯[②]认为,现代社会中存在着两种不同功能与形态的现代性,一种是经济政治制度的现代性,另一种则是审美文化活动的现代性,两种现代性相关又相异。审美现代性理论自1990年以后在中国广泛传播,被认为是以浪漫唯美的形式对理性主义的启蒙现代性所实施的反抗。马克思主义诞生之前的德国古典美学时期,康德、席勒、谢林、黑格尔、费尔巴哈等著名思想家、美学家就开始意识到艺术审美对于抵御资本主义异化现象的重要意义,并试图寻找一条审美解放道路,以改变现代资本主义单向度片面发展的物化现实,初步形成了一种审美现代性的理论视域[③]。

四、审美现代性的特征

从历史的角度说,西班牙哲学家奥尔特加最早对审美现代性特征做出了理论表述。"法兰克福学派美学十分强调审美的现代性就是与日常生活的意识形态相对抗。在阿多诺看来,现代主义艺术的审美现代性呈现为一种对日常生活的否定功能。阿多诺认为,日常生活的意识形态实际上是启蒙的工具理性发展到极端的产物,理性压制感性,道德约束自由,工具理性反过来统治主体自身,启蒙走向了它的反面"[④]。可见,审美超越了刻板的日常生活,成了批判工具理性的最重要手段。马克思强调,人是按照美的规律来塑造的,而美的规律则是对异化的非人道的社会的否定;韦伯认为,艺术承担了世俗的救赎功能,把人们从日常生活的刻板、从理论的和实践的理性主义的压力中解脱出来[⑤]。

审美现代性以感性为前提,审美的现代性对抗社会现代化的张力,这是我们把握现代主义内在逻辑的一个重要层面[⑥]。审美现代性对于启蒙现代性的否定性价值立场,周宪是认同的。审美现代性的一个基本矛盾是用感性来对抗理性(工具理性)[⑦]。现代主义是审美现代性在美学上对启蒙现代性的反思与批判,现代性中存在启蒙现代性和审美现代性两种现代性间的张力,审美现代性作为启蒙现代性

---

① 吴永强. 对审美现代性的知识论考察[J]. 社会科学研究,2020(2):164-169.
② 哈贝马斯. 现代性的哲学话语[M]. 曹卫东,等译. 南京:译林出版社,2004:1-5.
③ 宋伟. 中国式现代化语境中的美育现代性问题[J]. 文艺争鸣,2022(3):106-109.
④ 周宪. 审美现代性与日常生活批判[J]. 哲学研究,2000(11):63-70,80.
⑤ GERTH H H, MILLS C W. From Max Weber: Essays in sociology[M]. New York: Oxford University Press, 1946: 342.
⑥ 周宪. 审美现代性批判[M]. 北京:商务印书馆,2005:143.
⑦ 李应志. 两种启蒙现代性:差异与冲突的立场——评周宪《审美现代性批判》[J]. 文艺研究,2005(11):136-142,162.

的"他者",旨在弥补、纠正、改善,甚至是克服启蒙现代性带来的不良后果[1]。救赎是审美现代性对启蒙现代性的克服,是用审美的方式实现对外在世界的超越,是超验性在个体身上的彰显,并能使之复归精神栖息的家园。

审美现代性具有二维指向(复魅和感性)和三重张力(对立于传统、现代性、审美现代性自身)的典型特征。审美现代性自身的两面性包括感性和超感性。其中,感性的审美现代性又具有以下特点:"第一,强烈的感性精神;第二,极度通俗化,享受精神快餐;第三,高度商品化,借助商业行为和大众传媒,传播、复制;第四,实用性,审美与实用紧密结合,向实用领域扩展;第五,流行性,时髦新潮,转瞬即逝;第六,精英化(个性化),拒斥大众化,追求个体性,趋向精致化;第七,非理性主义,摒弃理性,以反抗理性来争取精神的解放。"[2]哈贝马斯[3]提出了文化现代性或审美现代性的问题,其目的是表明现代性具有自我完善调节的功能,以证明现代性依然有能力实现其未竟的事业。从中可以看出,当代中国学者的审美现代性研究基本上是依循哈贝马斯的思路而展开的。这种研究思路的重心是寻找现代性可以自我修复的有力证据,试图缓解现代性后果所带来的种种矛盾危机,使审美现代性批判成为现代性自我辩护的有力证词[4]。本研究认为,审美现代性主要是否定现代性,它的一个重要功能就体现在审美救赎功能上。

第三节 现代性与审美现代性的问题域

现代性追求科学和理性,更多体现的是工具理性;审美现代性在感性和理性之间游走,更多体现的是价值理性。二者在相互"否思"和对抗的过程中,又都不同程度地出现了一定的问题域。

一、现代性的问题域

哈贝马斯对现代性问题主要从三个层面上进行了考察。哈贝马斯考察现代性的三个层面为我们提供了勘测现代性复杂形貌的基本进路。现代性问题域所展开

---

[1] 周宪. 审美现代性批判[M]. 北京:商务印书馆,2005:导言,10-11.
[2] 杨春时. 论审美现代性[J]. 学术月刊,2001(5):43-47.
[3] 哈贝马斯. 现代性的哲学话语[M]. 曹卫东,等译. 南京:译林出版社,2004:130-132.
[4] 宋一苇. 审美现代性批判如何可能[J]. 辽东学院学报(社会科学版),2008,10(5):93-98.

第一章　现代性与审美现代性

的第一个层面，可称为历史时间的现代性。现代性问题域所描述的第二个层面，可以将启蒙现代性称为自我确证的现代性。现代性问题域所反思的第三个层面，是站在反思批判的立场来反观现代性[①]。鉴于此，可将第三个层面的现代性理论话语称为反思批判的现代性或审美现代性，脱离审美现代性视域，现代性诸多问题就无法拯救和适切解答。

审美现代性与现代性之间冲突的核心是理性与感性的对立。"按照韦伯所做出的工具理性和价值理性的区分，当理性延伸到社会生活的各个角落，把目的放到至高无上的地位而把人仅仅作为理性手段的时候，实际上它已经偏离了启蒙理性的本来目的——理性的过度。当感性和个人主观能力凌驾理性之上时，它所完成的绝不会是真正的人的解放，感性至上主义的结果可能是新一轮的混乱、暴力、极权主义和压制，对审美本身的发展也尤为不利"[①]。当一种批判本身变得非理性或盲目性，也就是批判本身"变味"了，就需要再批判，这就是关于武术审美现代性批判研究的初衷。启蒙的缺陷不应该像今天我们经常被告知的那样归因于理性的过度，而应该归因于理性的匮乏；并且那种匮乏来自理性能力和视野的局限，以及科学因素的减少[②]。中国传统文化孕育而生的带有浓厚内倾性特征的武术需要神秘和感性，但也需要科学和理性。中国武术还需要启蒙现代性的再洗礼。

二、审美现代性的问题域

德国学者 Ortlieb 和 Carbon[③]，瑞典学者 Wulia[④]，英国学者 Eichler[⑤]，土耳其学者 Sözer[⑥]，美国学者 Sica[⑦]、Zolberg 等[⑧]、Kari[⑨]、Sass[⑩]，我国学者周宪[⑪]、寇鹏

---

① 李应志. 两种启蒙现代性：差异与冲突的立场——评周宪《审美现代性批判》[J]. 文艺研究，2005（11）：136-142，162.
② 理查德·沃林. 文化批评的观念[M]. 张国清，译. 北京：商务印书馆，2000：37.
③ ORTLIEB S A, CARBON C C. A functional model of kitsch and art: Linking aesthetic appreciation to the dynamics of social motivation[J]. Frontiers in psychology, 2019, 9(1): 1-17.
④ WULIA T. Aesthetic resistance: publicness, potentiality, and plexus[J]. J political power, 2023, 16(2):213-236.
⑤ EICHLER R. The Meaning of ישבהכרבים[J]. Zeitschrift fur die alttestamentliche wissenschaft, 2014, 126(3), 358-371.
⑥ SÖZER S. Against the modern world: A different ontological, ethical, epistemological and esthetical overview on sufism and sects[J]. Journal of modern education review, 2015, 5(3): 321-334.
⑦ SICA A. Reflexive modernization: Politics, tradition, and aesthetics in the modern social order[J]. Social forces, 1997, 75(3): 1119-1121.
⑧ ZOLBERG V L, BOURDIEU P, NICE R. Distinction: A social critique of the judgement of taste[J]. Contemporary sociology, 1986,15(4): 511-515.
⑨ KARI S S. Aesthetic life: Beauty and art in modern Japan[J]. Journal of Asian studies, 2022, 81(1): 219-220.
⑩ SASS L A. Psychoanalysis, romanticism, and the nature of aesthetic consciousness, with reflections on modernism and postmodernism[J]. Psychoanal review. 1998, 85(5): 717-746.
⑪ 周宪. 审美现代性范畴的结构描述[J]. 文艺研究，2004（2）：15-23，158.

程[1]对审美现代性进行研究，指出审美现代性的时间性和空间性特征，以及审美现代性的局限性，为批判审美现代性提供了可能。

审美现代性是指社会现代化在审美层面上的反应。根据现代化、现代性的实际，结合文化现代性，发现审美现代性具有以下问题域：第一，审美现代性具有后发性。审美现代性的后发性首先来源于现代性，现代性是审美现代性产生的前提。第二，审美现代性缺乏独立性。它始终纠缠、徘徊于独立与功利之间、个人与民族国家之间、审美与政治之间。实际上，功利问题一直困扰着审美现代性，继政治之后，经济、资本又吞噬着审美的独立性，使审美现代性向欲望、感官享乐、肉身化和"娱乐至死"的方向发展。第三，审美现代性缺乏超越性。审美现代性缺少独立性，必然导致审美超越性的缺失。审美现代性与现代性之间构成一种张力关系，但是审美超功利性的丧失自然影响了审美现代性的超越性。

审美现代性的批判与超越，旨为其能够在感性和理性之间寻求平衡；树立反对技术化、功利化和异化的美学理想，提升美学的批判功能，反对现代科学主义造成人的异化和审美乌托邦幻想，以及技术现代性和资本现代性带来的伤害和庸俗化倾向。"审美现代性担负着监督和批判现代性的重任。当然，审美现代性也并不是完美无缺的，这往往影响它的批判威力"[2]。因此对审美现代性的反思和批判就显得尤为必要。

---

[1] 寇鹏程. 中国审美现代性研究[M]. 上海：上海三联书店，2009：10-13.
[2] 李进书. 现代性"终结"与审美现代性批判[J]. 东南学术，2006（4）：110-115.

第二章　武术审美现代性

【内容提要】在现代武术思想与现代武者存在的语境与武学意义的延展中，武术现代性与审美现代性问题成了 21 世纪武术发展中一个重要的问题。无论是认为武术现代性与审美现代性具有内在的相通性，还是认为武术审美现代性是现代性的中断或延伸，都把武术现代性作为重要的知识谱系问题置于 21 世纪武术学术框架中，使其成为 21 世纪武术文化、武术哲学阐释的有效代码。可以说，全面把握武术审美现代性有利于当代武术的健康发展。中国武术在经历了器物、制度和文化层面的现代化与现代性实践后，"祛魅""科学"等理念逐渐为武术人士所接受并转化为一种集体共识。然而，在偏重"复魅""感性"的审美现代性的对抗和否定下，武术发展出现了"强烈的感性精神（艺术化）、高度商品化（同质化）、精英化（神秘化）、非理性主义（消费化）"等审美现代性特征；社会上也出现了"天山论剑""徐 L 约架""太极霍 YS 点穴造假"等事件，以及"去分化""去标准化""复归传统"等声音。这些现象，即武术审美现代性的极端表现需要从根源上查找症结，以便更好地规避它、疏导它。

20 世纪 90 年代以来，审美现代性一度成为我国学术界研究的焦点、热点，几乎所有的相关研究（尤指美学、艺术学的研究）都要与现代性或审美现代性搭上关系。研究武术审美现代性并非附庸风雅或追赶时髦，而是 21 世纪以来，武术审美的确出现了一系列重大变化，而这些变化又恰与审美现代性的理论与实践密切相关。

第一节　武术现代性与审美现代性

武术现代性是特定时代的产物，它对武术的现代发展与文化转型起到了重要的推动作用。与此同时，武术现代性的资本属性也使武术发展出现了偏离主航道的现象，伴随着质疑的声音，武术审美现代性（理论与实践）站在了历史发展舞台的前沿。

一、武术现代性

清末民初尖锐的阶级矛盾和空前的民族危机影响了西方现代性价值理念在中国的传播，造成彼时中国现代性的不彻底性。20世纪中期，在我国社会现代化发展进程中，"在'破旧立新，肃清封建残余'的思想影响下，中华武术被全方位改造，破除了传统武术拳种，摒弃了武术技击对抗，忽略了武术特有的精神教育价值，取而代之的是以'锻炼身体的实用价值'和'树立优美形象'为价值定位而重新创编以艺术表现为价值取向的'新武术'"[1]。现代性在给武术发展带来科学化、理性化曙光的同时，也使武术发展出现技术分化、文化异化和评价标准统一化、评价方式西化等问题。武术现代性的过度理性弱化了原有的人文价值，即带走了人们的仁礼教化和精神享受。

马克思对资本运转带来的人情冷漠进行过深刻批判，认为资本"使人和人之间除了赤裸裸的利害关系，除了冷酷无情的现金交易，就再也没有任何别的联系了"[2]。随着中国社会现代化进程的深入，资本力量消解着"由血缘体系建立的族群关系、由地域体系建立的友邻关系"，形成了"在货币运转体系中的货币关系"[3]。一日为师，终身为父。传统武术的师徒关系类似一种特殊的血缘关系，而现代新型的师生关系却是资本力量下的货币关系。例如，教练员和教师更多关注武术比赛成绩和武术教学效果，很少考察学生的思想品德和道德素养。训练费和学费才是现实利益，这与武术传统的讲求"千两黄金不卖道，十字街头送故交"的择徒标准大相径庭。当代武术馆校和学校的商业化、集团化、标准化发展已成一种趋势。正是因为在竞赛规则影响下经历了标准化发展过程，本来风格各异的武术拳种才逐渐失去了差异，趋于同一，被整合成千篇一律的东方艺术体操[4]。艺术最忌陈陈相因，当代武术美学尤其是套路美学要引领新的方向，避免标准化而导致的同质化发展。

---

[1] 杨建营，颜世亮. 20世纪后半叶中华武术发展中的"第一粒扣子"探寻[J]. 成都体育学院学报，2022，48（2）：74-79，116.

[2] 马克思，恩格斯. 马克思恩格斯选集（第一卷）[M]. 中共中央马克思恩格斯列宁斯大林著作编译局，编. 北京：人民出版社，1972：275.

[3] 鲁品越，骆祖望. 资本与现代性的生成[J]. 中国社会科学，2005（3）：59-69，206.

[4] 杨建营. 现代性支配下的武术现代化发展研究[J]. 上海体育学院学报，2012，36（5）：66-72.

二、武术审美现代性

潘公凯[①]在《20世纪中国美术的审美现代性》中指出,由于国情不同、语境不同,生存基点与现实目标不同,形成了西方的"反叛的审美现代性"与中国的"参助的审美现代性"两种不同状态。鉴于此,研究中国武术的审美现代性,既不应以西方的审美范式大而化之,也不应以中国固有的审美标准统而观之,而应该实事求是地从具体、丰富而又可感的武术现象出发,结合当代中国文化发展的总体趋势,提炼出武术中具有的优秀因子使其在审美现代性的历史进程中实现创造性地转化,从而推动21世纪中国武术的跨越式发展。

武术审美现代性作为现代性反省与自律的机制之一,其反省与自律能力受到了现代商业资本的冲击,致使武术出现感性化、艺术化发展趋势。对此,许多老拳师甚或老武术家持反对意见,认为武术变了,变得纯粹为了消费,丧失了自己的灵魂。其实这是武术审美现代性的结果,他们的否定正是起到了批判武术审美现代性的作用。

韦伯[②]从宗教与形而上学的世界观分离角度,视现代性与理性近乎为同义语。武术审美现代性是对武术现代性的纠偏,其在推崇感性的过程中却忽略了现代性之理性的重要作用,致使武术的神秘性、玄虚性进一步夸大,失去了现代科学的基础,社会上出现了虚假宣传、招摇撞骗、自说自话、失德失信等恶意污名现象。这些应引起我们足够的重视,在理性与感性之间建立一种适切的价值取向和发展模式,推进武术在新时代的高质量发展。

三、武术现代性与审美现代性的关系

研究武术审美现代性要清楚中国审美现代性,以及武术自身文化与审美传统。武术审美现代性是后发于中国审美现代性并在其刺激下完成的,而中国审美现代性又是在中国社会现代性基础上觉醒的,因此,研究武术审美现代性应该首先对中国社会现代性进行剖析和解读。在当今以视觉文化为主导的时代,武术的艺术属性得到了空前的强化,随处可见的图像文化像一股热浪一样席卷和冲刷着人们的眼睛。武术的思维方式和价值取向需要媒介表达与转译。只有正面宣传武术,

---

① 潘公凯. 20世纪中国美术的审美现代性[N]. 中国文化报,2009-11-12(3).
② 马克斯·韦伯. 新教伦理与资本主义精神[M]. 康乐,简惠美,译. 桂林:广西师范大学出版社,2010:序言, 3-6.

树立武术正能量,才能抵御那些别有用心、赚取流量的自媒体对武术造成的不良影响。武术现在有"为艺术而艺术"的唯美主义倾向,如竞技武术套路,追求花哨的形式主义和表现主义。一棵树再繁盛,如果失去根系的营养,终将枯萎凋谢。现代各种形式的武术如果不顾及自己的根脉(武术的传统与文化),不从其中吸收养料,那将是表面的虚华,昙花一现。武术现代性没有遏止住竞赛套路攻防技法的流失问题,而随着新规则"难度评分"的评价方式的改变,加剧了单练套路体操化、舞蹈化、花样化,对练套路戏曲化、小品化、影视武打化,劲力表现表面化、声势化、虚假化等诸多问题①。

就当下的中国武术而言,本质特征体现不明显,误读和错配现象屡见不鲜,对此需要建立自己的现代性话语体系。这既是中国武术主动参与文化全球化实践的历史必然,更是中国武术适应时代发展,实现自身创造性转化的核心要义。言传、身教、心授为重要的武术传承方式,在代际纵向传承中推动武术有序传承发展。教师(师父)可以从师徒间的双向互动中,根据学生(徒弟)个体的情况纠偏,保障技艺传授与承接的完整性、原真性。文化趋同消解着武术的个性,武术具有地域特征、民族特征、拳种特征,因此,如何保持个性化是一个时代课题。以西方体育评价武术、修剪武术的过程,是武术文化异化的过程,是武术个性消隐过程。武术现代性发展必须摒弃对西方体育的亦步亦趋,超越西方体育现代性的文化窠臼,回到自身民族传统体育的特色上来。武术在不断追求"高、难、美、新"的过程中,武术的文化内涵和技术个性逐渐消失。在这个过程中,竞技武术按照西方体育模式对传统武术进行样板化改造,将传统武术的"精、气、神"等内蕴因子变成了竞技武术的"速度、力度、高度、难度"等外显因素,现代的竞技武术脱离了传统文化的滋养,"由内转外"的审美趣味变迁明显。

武术在与西方体育文化进行交流的时候,保持应有的文化自觉和坚守基本的文化自信,尊重并葆有文化的差异性是武术发展的底线。因为,"欣赏差异性文化是一种高度的文化自觉,珍惜本土文化则是一种基本的文化自信。不会欣赏差异性文化的民族是短视的民族,而蔑视自己文化的民族则是没有希望的民族"②。武术在现代性进程中的文化模仿、去传统化,恰恰是没有珍惜本土文化,丢失了文化自信,导致武术在对外交流中失去了宝贵的民族性和传统性。诚然,对于武术现代性的成就与问题,我们不能一概而论。武术现代性的积极意义是树立了科学

---

① 武冬. 新时代中国武术发展的新思考[J]. 武汉体育学院学报,2020,54(2):53-58.
② 王岳川. 文化输出:王岳川访谈录[M]. 北京:北京大学出版社,2011:1.

第二章 武术审美现代性

与理性的发展理念。例如，吴图南[1]在论述太极拳之"力"时指出，"倘重心出于体外，则必自倒"，并将预防运动重心偏离造成的身体倾斜与损伤作为太极拳改造后的科学化与严谨性标准。也可以说，武术的现代性为武术发展锁定了新方向和新视角，并在西方体育理论的指导下，"以结构化、功能化编码对武术身体知识进行了科学阐释与验证，促进了近代武术身体知识的科学化改造"[2]。武术的审美现代性为武术发展保留了一定的传统性和文化性，并在中国传统文化的影响下，出现了感性化、艺术化、神秘化的发展趋势。武术现代性与审美现代性的相互否定和对抗（祛魅与复魅、科学与反科学、理性与感性、工具理性与价值理性），体现了二者辩证互补的关系，以及武术发展螺旋式上升的过程。

第二节 武术审美现代性的特征及表现

武术审美现代性是对现代性的一种扬弃。武术审美现代性具有二重性，中国武术经历20世纪前期的现代性洗礼，具有了一些现代科学理性精神和否定传统的尝试，同时也出现了一些进程中的异化产物。

一、武术审美现代性的特征

武术审美现代性反对科学和理性，提倡感性，进而出现了一种反科学、反常识的乱象，如伪武术大师等。当代武术发展需要反思，尤其是针对此类现象，更要透过现象洞悉本质，从学理层面深入剖析，从文化层面深刻反思。伪武术大师现象是武术审美现代性发展阶段的必然产物，绝非偶然，其学理层面是科学与反科学、理性与感性、技术与价值、祛魅与复魅多重因素的博弈，文化层面是武术文化异化、个人名利诱使、商业媒体炒作、价值取向丑化、监管制度缺失多重因素的影响。同时受到中国传统武术的神秘性、武侠小说和武术影视作品的玄虚化，以及武术文化现代性的不彻底性多重因素的影响。

伪武术大师们离经叛道、违背科学、哗众取宠、博人眼球。他们心中根本没有武德和道义可言，有的只是眼中的"名利"二字。2020年，凤凰网的一项调查

---

[1] 吴图南. 科学化的国术太极拳[M]. 台北：华联出版社，1969：11-13.
[2] 苑城睿，戴国斌. 近代武术身体图像的编码与解码[J]. 体育与科学，2022，43（2）：88-94.

数据显示,"40%的网民认为'不管输赢都能出名,赚钱才是真的'"[①]。在价值观多元分化的时代背景下,社会上出现了对传统、经典和崇高解构的审丑价值取向。一些浅薄文化在生活中大行其道,在网络上更是甚嚣尘上。有的网民在对具有反偶像色彩的粗鄙人物及其文化的关注中,获得了一种解构权威、消解崇高、嘲弄虚伪的快感;在对鄙俗文化的关注、戏谑中,追求一种精神深处的叛逆和去权威化;在对丑陋事物的欣赏中,获得了一种颠覆偶像、对抗权威的发泄[②]。传统与现代相互交织,经典与时尚相互争上,东方文化与西方文化相互碰撞,社会转型期,审美现代性反抗古典审美传统,本质上是一种反现代性,以非理性、反规范为特征。借鉴审美现代性的理论,根据武术发展的实际表现,总结出武术审美现代性的最显著特征为反对科学和理性,提倡复魅和感性。

(一)武术审美现代性的特征之一是感性化(非理性化)

武术的身体运动属于典型的东方人体运动文化,给人一种感性的、直观的、形象的感觉。从审美角度讲,它不求理性的、精准的、定量的美,而求感性的、模糊的、定性的美。这是武术审美现代性的一大特征。例如,传统武术的审美方式是"品味与体悟",针对蕴含于技击动作背后的意象,只有通过主客体情感交融并保持"虚静"的心态才能品味或体悟到模糊的、朦胧的武术美。本雅明[③]认为,复制技术把被复制的东西从传统领域中解脱了出来,由于它制作了许许多多的复制品,因而它就用众多的复制品取代了独一无二的存在。现代性推崇的高科技的技术理性在给武术表演和娱乐欣赏提供便利的同时,也使武术原有的内在的意境、韵味消失或淡化。鉴于视觉文化时代的复制技术及"娱乐至死"的社会倾向,当代武术审美泛化、浅表化,"失却了审美精神与人文理想制衡,陷入经济单边主义和商业实用主义;隐藏着自我的失落和意义的虚无"[④]。武术大众审美文化的娱乐性需要批判,娱乐只有当其与文化中某种更根本而深层的东西融合时,才富有价值。

(二)武术审美现代性的特征之二是复魅化(反科学)

从呼唤现代化到反思现代性。面对在现代化和现代性进程中出现的价值迷失、

---

① 佚名. 马BG羞辱的不仅是自己,还有中国武术[EB/OL]. (2020-05-20) [2024-06-11]. https://sports.ifeng.com/c/7wcqTlvuhTU.
② 龙其林. 大众狂欢:新媒体时代的网络文化透析[M]. 杭州:浙江古籍出版社,2014:128.
③ 瓦尔特·本雅明. 机械复制时代的艺术作品[M]. 王才勇,译. 北京:中国城市出版社,2002:10.
④ 傅守祥. 大众文化的审美现代性批判[J]. 哲学研究,2007(7):112-117.

道德失范、资源枯竭、生态失衡等一系列负面因素的影响,"人们开始对西方的现代性规划和工具理性追求进行质疑和批判,出现了试图以回归古老的传统文化资源去重建人与自然、人与人,以及人与社会之间和谐关系的思想倾向"[①]。具体表现为:通过儒家和道家文化寻找当代武术文化之根;通过批判工业文明和工具理性寻找当代武者安身立命之基;通过树立武术文化自信寻找民族传统体育的复兴之本;通过汲取传统文化智慧塑造武者理想人格。世间万物以和为贵,只有天人合一、人际和谐、本体合顺,才能有效抵抗物化和异化。对于现代性的理性至上、科学万能,这种绝对的、非理性的言论我们要持批判的态度。

在科学和理性精神的推动下,武术的神秘面纱被撕下。但社会对武术的信仰和敬畏也随之祛除,开始无限制地改造武术,出现了武术的体育化、西方化。复魅的旨归并不是返回原来的状态,而是对现代科技进行生态向度上的规约和引导,从而使武术螺旋式上升,找到更好的精神栖息地。武术通过文化对科技进行规约和引导,反思激进主义的功利性弊端造成的武术偏激表现,需要在祛魅与复魅间构建和谐景象,对审美现代性的弊端和破坏进行修正。

武术现代性挤压了武术的文化空间,挑战了武术的传统价值观,加剧了武术的认同困惑,导致了武术的信任危机,造成了武术的道德失范。抛弃中国自身体育文化主体性的观念和做法,一味地用现代体育的理论和规则来解读或改造中华武术是不可取的[②]。现代性对武术无限制的解构和祛魅,为武术审美现代性的建构和复魅提供了可能。总之,当前的武术发展问题归根结底是一个现代性与审美现代性的辩证关系和颉颃问题。武术审美现代性自身具有极端性和激进色彩,否定和颠覆多于建设,只有对武术审美现代性的这些局限进行理性批判,才能使当代武术实现跨越式的高质量发展。

二、武术审美现代性的表现

武术审美现代性的感性化、复魅化特征,是武术表现为艺术化、消费化、神秘化、同质化的主要根源。由此,也为武术审美现代性批判提供了空间和场域。

---

① 张旭东. 从呼唤"现代化"到反思"现代性"——论文化保守主义语境下的"乡土中国"形象书写[J]. 西安电子科技大学学报(社会科学版), 2011, 21 (4): 59-63.
② 马文国. 文化社会学视角下中华武术文化自信的重构机制[J]. 西安体育学院学报, 2021, 38 (5): 604-609.

中国武术审美现代性批判与当代发展

(一) 艺术化

从艺术社会学的角度看,当代武术的艺术化就是其审美现代性的表征,审美现代性要求审美的感性化、解放个性等。与西方审美现代性不同的是,当代中国武术审美现代性并不完全立意批判和否定,一定程度上它是在引领武术的艺术化生产,以符合客观社会发展的事实。从这一层面出发,中西审美现代性尽管路径与思路不同,但是目的性及发挥的社会学功能可谓殊途同归。20 世纪 90 年代以来,随着视觉文化时代的来临与审美现代性的觉醒,武术出现了以感性思维占主导的局面,继而出现了武术艺术化现象,导致价值理性、工具理性、实践理性、道德理性交织重叠。武术多功能价值取向使本源的技击功能弱化。近现代,武术不再像古代军队那样一切以作战实用为唯一目的,而是朝着技击、健身、养生、娱乐等多功能兼容互汇的方向发展[①]。为学日益,为道日损。中国传统武术集多种功能于一身,除技击外,还有表演、娱乐、健身、养生、修心等,这些功能依附于技击之上,使其出现了"既要……又要……"的模式。例如,"打拳要打得漂亮,输拳不输人"等艺术化、理想化的想法。

(二) 消费化

消费社会,武术审美文化发生了质的变化。当下,审美趣味的转向与审美关注面的转换已成事实,一味抵制和反对是不切实际的唐吉诃德行为,只有认真彻底地分析和解剖上述现象,并加以批判性的引领[②],才有可能走出资本主义的逻辑陷阱。问题的关键是,武术之工业化生产、商业化宣传,铜臭味浓厚,文化底蕴让渡给资本市场,出现"经济搭台、武术唱戏"的局面。例如,一些武术表演类节目、演出类活动等出现"三俗化"(低俗化、庸俗化、艳俗化)现象。武术"文化媒介人"(布尔迪厄语)或"文化经济人"完全听命于资本和市场。另外,在武术竞技类比赛场域,教练员、运动员及利益相关者受到金牌和胜利带来的物质利益与社会地位的诱惑,放弃原本追求的价值目标,面对不公、误判和暗箱操作也见怪不怪、心照不宣,几乎完全被货币驱使和资本控制。正如马克思在审美批判中所言,"见钱眼开""背离社会和出卖社会利益""放高利贷"等主体,"冷漠生硬的制造、助长和纵容竞争、赤贫和犯罪的,破坏一切社会纽带的,没有廉耻、

---

① 刘文武,徐伟军. 武学内容体系及其历史演绎[J]. 山东体育学院学报,2014,30 (6):56-62.
② 傅守祥. 大众文化的审美现代性批判[J]. 哲学研究,2007 (7):112-117.

没有原则、没有诗意、没有实体、心灵空虚的贪财恶棍"[1]。后现代文化现象之武术审美现代性阶段，审美趣味已经进入商品生产模式之中，"美学领域完全渗透了资本和资本逻辑，商品化的形式在文化、艺术、无意识等领域是无处不在的"[2]。传统武术价值观的扭曲与背离，即是资本渗透到武术中的表现，如咏春丁 H、浑元形意太极马 BG 之流并非传统武术的真正修习者，也绝不能代表传统武术的主流或正统。但他们都充分利用人们急于对传统武术进行变革和正名的心理，在资本逐利驱使下对传统武术进行炒作，对传统武术价值和审美极尽歪曲之能事。大众的审美趣味决定了文化生产的模式，文化商品的流通持续刺激着大众的审美欲望，人和商品建立起互惠互利的微妙联系，商品的受众是所有人，被纳入商品生产过程中的文化艺术赋予大众表达的权利，因此乐于接受每个观众的多维解读[3]。消费化武术作为一种商品，刺激了大众文化的兴起和人们的世俗趣味，加快了自身的俗化进程；竞技化武术与冠军、名利、奖金等挂钩，逐渐陷于浮躁化和功利化的桎梏。

（三）神秘化

武术各拳种基本有自己本门派的英雄崇拜或神话传说。具代表性的拳种，如少林拳（达摩祖师）、太极拳（张三丰）、形意拳（姬际可）等。传统武术之神话传说，它是一种影响力和信仰，是拳种传承和传播的需要，它好像一个精神图腾，具有极强的凝聚力，将本门徒众笼络在一起。在现代化过程中，适度的神秘化有利于事物的发展。例如，现代化转型成功的跆拳道和泰拳都特别重视神话般的礼仪和仪式。传统武术现代化，无论怎么强调科学、客观和标准，与生俱来的深深蕴涵在武术灵魂最深处的神话传说仍然是必需的。人类学家认为，仪式就是对神话的虔诚的实践。武术审美现代性反抗现代性而导致的复魅和神秘化也是传统武术发展的需要，是一种信仰和凝聚力的体现。

然而，大众文化承诺给人们的欢乐神话与身体解放，却往往陷入娱乐透支后的身心疲乏和性感聚焦后的精神空幻；形象的欲望满足取代了文化的意义追索，消费时代大众文化的审美化表现出莫大的吊诡，尤其是以所谓的审美疲劳为表象

---

① 马克思, 恩格斯. 马克思恩格斯全集（第三卷）[M]. 中共中央马克思恩格斯列宁斯大林著作编译局, 编. 2 版. 北京: 人民出版社, 2002: 285-286.
② 唐小兵. 后现代主义: 商品化和文化扩张——访杰姆逊教授[J]. 读书, 1986 (3): 118-124.
③ 张伟骏. 文化现代性孤立的终结——对詹姆逊后现代主义理论的再探讨[J]. 文教资料, 2018 (8): 61-62.

的欲望亢奋，以及由娱乐化导致的思考衰竭与是非泯灭等问题，值得特别关注[1]。武术科学理性的认知基础薄弱，武术现代性的祛魅被武术审美现代性的复魅遮蔽或消解，部分不良分子和别有用心之人利用武术的神话传说和名人攀附，通过视觉文化的特殊属性人为地制造网络热点，网民对武术的戏谑之声此起彼伏。当下，武术审美现代性通过复魅，再次将那些难以进行定量评判的武术内容通过自媒体炒作，大肆宣扬武术的神秘性，导致大众对武术的怀疑和否定。神秘性被祛魅，变成了审丑，传统武术能不能"打"受到质疑。继徐L约架魏L完败之后，混元形意太极掌门人马BG、咏春丁H又在比赛中被打败，遭受信任危机的传统武术形象彻底坍塌。武术审美现代性表现的神秘化面纱及伪武功大师的不耻行径暴露无遗。

（四）同质化

媒介研究学者从信息社会转向信息化社会中找到了重要的研究理论起点，那就是"媒介化"，媒介在信息传递的过程中逐渐摆脱传统传播研究中的"中介性角色"，而开始逐渐地影响乃至控制社会形态的构型过程[2]。新媒介使得时空相对压缩，促成了地球村和全球化的出现。反过来，地球村和全球化这种文化症候又促进媒介文化的信息"大、快、多"及文化同质化等现象。弱势文化趋同、跟风，文化的多样性和差异性渐趋消除。在数码技术革命和全球化大潮中，信息技术的高度发展和资本主义的全面渗透，促使现代性文明序列中的文化不断泛化，同质性的"文化工业"大有独霸世界的趋势，许多大众被巨大的生存压力和快速的流行时尚所左右，沦为工业化和市场化的奴隶，成为无思想、无主见、无个性的精神盲流，整日沉浸于替代性和虚拟性的满足之中而不能自拔[3]。武术审美现代性具有二重性，一方面反对规范化、标准化改革，另一方面跟随"样板式"的发展模式，导致现代武术出现同质化发展趋势。例如，评价标准的统一化，使原本文化统一、技术不统一的武术变成了同一款；评价标准的体育化，使博大精深的武术单一化；评价标准的西方化，使内敛的武术变得张扬，由"含、蓄、曲、迂"变成"高、难、美、新"。武术审美现代性阶段，人们的思维方式、价值观念、道德规范、行为方式和风俗习惯不可能完全改变，也不可能完全否定，它们只会与时

---

[1] 傅守祥. 大众文化的审美现代性批判[J]. 哲学研究，2007（7）：112-117.
[2] 戴宇辰. 媒介化研究：一种新的传播研究范式[J]. 安徽大学学报（哲学社会科学版），2018，42（2）：147-156.
[3] 傅守祥. 大众文化的审美现代性批判[J]. 哲学研究，2007（7）：112-117.

俱进。中华优秀传统文化的现代性转化一定要立足当下中国的现实国情,"坚持唯物史观的立场、观点和方法,坚持古为今用、推陈出新,运用批判继承的方法来审视中华传统文化,通过去粗取精、去伪存真,提炼中华优秀传统文化"[①]。中国传统思维侧重整体把握、直觉体悟,缺乏严密的逻辑推理,不利于实证分析和科学理论的建构与形成,与此同时,中国传统认识论多数是在探讨道德修养方式时衍生而来的,并非对客观知识努力寻求的结果[②]。只有中国传统思维方式与西方实证主义精神相融合产生出新的内容,才能适应社会现代性与审美现代性的要求。

第三节　武术审美现代性的特征及表现为其批判提供可能

武术审美现代性的特征及表现是武术现代性发展的阶段性产物,并不是武术发展的终极目标。武术发展要想走上"守正创新"的康庄大道,必须对其进行深刻反思和理性批判。

一、武术艺术化现象日渐凸显

视觉文化时代,武术的审美形态与前视觉文化时代相比,有明显的不同之处。从形式上说,视觉文化时代艺术的最大特点是同时吸收了前视觉文化时代和视觉文化时代的创作手法,因而较之前,视觉文化时代艺术出现了更多戏仿、解构、拼贴等艺术手法,从而增强了其艺术表现能力。然而,武术艺术化只是武术发展的路向之一,不是全部,现代武术尤其是武术套路,有"为艺术而艺术"的唯美主义倾向,严重影响了一部分人对武术的理性认知,使武术的人文价值和文化功能偏离了主航向,不可不察。

武术套路艺术化应以"技击性"为根本。武术套路动作的幅度可以夸张一点,技法可以花哨一点,但是武术艺术化背后蕴涵的技击含义不能丢。传统武术的技术特色和文化内涵极为深厚,它承载了精练的武术文化,也体现出诸多中华文化思想,如形意拳、八卦掌、太极拳等技术特色,"点到为止""声东击西""欲擒故

---

① 吴潜涛. 推动优秀传统文化的现代性转化[N]. 人民日报,2015-07-15(7).
② 张荣军,任鹏程. 中华优秀传统文化现代性转换的必要性和可能性研究[J]. 贵州社会科学,2016(8):56-61.

纵"等技击思想。《庄子·天地篇》有云："能有所艺者，技也。"[1]认为技是艺之始，艺脱离了技，就是无源之水、无本之木。但仅仅有"技"，还是形而下的层次，只有上升到形而上的"艺"的高度，才能形成完美的技艺。武术"技艺"的获得是一个过程，也是一种人生修炼的境界。

二、武术审美过度消费化

有学者指出："消费社会中的文化是身体文化，消费文化中的经济是身体经济，而消费社会中的美学是身体美学。这样来概括我们今天这个消费社会及其文化，虽然有点夸张，但还不算太离谱。"[2]消费成了当下这个社会的时代主旋律，武术消费也被提上日程。武术产业化、商业化不断扩张，渗透到武术发展的方方面面，各个领域的武术争"先"恐"后"、争"名"逐"利"，新出现的武术样式更是被消费理念所裹挟，无限制地发挥着资本现代性的本性，武术审美过度消费，丧失了武术的价值理性和人文理性。

以现代武术散打为例，习练者几乎把提高实战能力作为唯一目标，在这种缺乏民族精神的商品化、功利化的目标指引下，导致的直接后果是20世纪90年代高校武术院系及民间武术馆校的散打专业的学生到处惹是生非，有的甚至触犯刑律被判刑[3]。总之，缺乏兴趣和趣味性，不是真心喜欢，更不是作为终身喜好修习技艺的行为，会消解武术的文化内涵与精神内核。

三、武术发展迷失方向（神秘化）

从文化哲学角度出发，审视中国武术发展的问题，无外乎就是古今文化、中西文化的融合问题。然而，融合过程中出现的"文化滞差"现象导致中国武术发展目标迷失了方向。"文化滞差"是美国学者威廉·费尔丁·奥格本[4]所描述的"Culturallag"。一般来说，健全的文明形态体现为这一文明的各个层面和构成要素的协调同步运行，而作为从一种文明形态向另一种文明形态转型的真正的现代化

---

[1] 郭庆藩. 庄子集释[M]. 北京：中华书局，2013：404.
[2] 陶东风. 消费文化语境中的身体美学[J]. 马克思主义与现实，2010（2）：27-34.
[3] 杨建营，邱丕相. 武术精神的历史演变及21世纪发展的新趋势[J]. 体育学刊，2008（10）：92-95.
[4] 威廉·费尔丁·奥格本. 社会变迁：关于文化和先天的本质[M]. 王晓毅，陈育国，译. 杭州：浙江人民出版社，1989：265.

第二章　武术审美现代性

则必然是文明不同层面从传统向现代的协调同步的总体性嬗变[①]。中国武术和西方体育文化相比有着明显的文化滞差，武术自身的物质和精神文化相比也有着明显的文化滞差。这就是武术发展不和谐的地方，也是武术表现为异化的根源。其中，武术在与西方奥林匹克运动项目交流中失去了应有的文化话语权。在物质层面提高而精神层面滞后的影响下，出现了价值取向偏差（信息化时代的到来进一步加剧了民众信仰迷失、信念模糊、价值扭曲、诚信淡薄、责任缺失等诸多社会问题[②]）。新时代，只有在保持中国武术民族文化特性的基础上，因地制宜、因时而变地批判、吸纳与借鉴，才能完成当代武术的创造性转化与创新性发展。在转化与创新过程中，武术秘而不宣的神秘面纱应批判，伪武术大师鼓吹的"神功""绝技"应摒弃；武术立德树人的教育价值应凸显，武术培育刚健自强民族精神的作用应强调；西方体育文化的科学化之路应借鉴，西方体育文化的现代理性应吸纳，紧扣武术技击本质，保持武术文化特色，尽快实现武术审美现代性转型进入正确的轨道。

四、武术本质受到质疑（同质化）

现代性阶段，受到西方竞技体育文化的影响，武术的思维方式逐渐趋同、价值取向摇摆不定，失去了自己的文化主体性。中国武术的体育化抉择——削足适履导致技术偏"左"；中国武术发展的文化割裂——舍己从人导致文化偏"右"[③]。忽左忽右，需要反思和批判，武术在审美现代性阶段出现的偏激之举。竞技武术与西方竞技体育应构建一种"和而不同""同中存异"的发展理念。"高、难、美、新"的技术追求削弱了武术的文化传统。

2020年11月，国家体育总局武术管理中心在南京成立传统武术国家集训队暨传统武术搏击项目研制动员会，陈恩堂[④]指出"传统武术的根基是实战，而演练是传统武术的表现形式"，因此要处理好实用和演练的关系。演练比重过大，就会失去武术的初心，也会使武术的本质遭到质疑。另外，武术审美现代性的反科学、反理性主张，使得社会武术常识普及不够，一部分社会大众混淆了竞技、健身和

[①] 衣俊卿. 文化哲学十五讲[M]. 北京：北京大学出版社，2004：289.
[②] 白晋湘，万利. 中国武术构筑中华民族共有精神家园的理论与现实逻辑[J]. 广州体育学院学报，2022，42（1）：1-7.
[③] 李岩，王岗. 中国武术：从荣耀之身到尴尬之境[J]. 武汉体育学院学报，2015，49（4）：49-55.
[④] 佚名. "弘扬传统　开拓创新"传统武术国家集训队成立暨传统武术搏击项目研制动员会在江苏南京召开[EB/OL]. （2020-11-09）[2024-06-11]. https://hb.dzwww.com/p/7004001.html.

娱乐的属性，对武术本质功能的认知缺乏，导致武术出现了同质化发展的趋势。

总之，武术审美现代性特征及表现的艺术化、消费化、神秘化、同质化等为其批判提供了可能。艺术化是传统思维的一大表现，武术艺术化对武术发展起到了一定的积极作用，但是武术不是艺术，不能为艺术而艺术，过分夸张、主次不明，丧失本体。武术消费化是武术商业化、武术产业化的结果，为武术发展奠定了经济基础，但是武术不仅要考虑经济效益，还要顾及社会效益，武术消费化大肆炒作武术，本末倒置，出现大量的虚假武术，影响了武术的声誉，使武术污名化，阻碍了武术的国内发展与国际传播。武术神秘化是对武术祛魅的一种抗争，是保留武术神秘面纱的一道屏障，但是神秘化也使武术发展出现了不可控的趋势，出现了虚假宣传（假武术、伪武术）、违反科学、夸大其词、肆意约架和暗箱操作等现象，严重影响了武术的正面形象和国际传播。武术同质化发展能够使武术统一化、标准化，具有一定的积极意义，但是武术同质化将使武术失真，泯灭了武术的差异化和地域性特征，削弱了武术的整体实力及文化内涵，同质化的单一的武术种类不能全面反映武术的功能和价值。

第三章 武术审美现代性批判的基本工具与目标指向

【内容提要】 哈贝马斯指出，除反思之外，批判不能也不允许使用其他工具。对武术发展进行理性审思，旨在突破当代武术"各执一端"的发展逻辑，摒弃现代性与审美现代性的相互"否思"和彼此"对抗"。对武术审美现代性批判并不是全盘否定，而是理性回归、修正和超越。只有在武术现代性与审美现代性之间建立一种良性参照系，并对武术审美现代性的二维指向（复魅和感性）和三重张力（对立于传统、现代性、审美现代性自身）进行合理解构与建构，才能保证当代武术发展走上康庄大道。

批判是进步的阶梯。武术发展不可能尽如人意，需要反思和重新审视武术是否真正地适应社会需要、服务国家战略、顺应时代特征、满足大众需求。社会生产力的发展为审美现代性的发挥提供了必要的条件，只有在现实社会的物质实践基础上，克服外在力量束缚，才能实现审美的超越维度和创造特性，促进人类的全面自由发展[①]。

当前，厘清武术审美现代性批判的思想根源、基本方法和话语特征，重新评估武术审美现代性批判的理论价值，对构建中国民族传统体育的话语体系，继承创新中国武术审美现代性批判理论十分必要。中国武术审美现代性批判的思想根源集中体现为审美现代性对现代性反抗过程中产生的不和谐因素，实现"和"的理想，批判的基本方法是对武术的言说方法、认知方法和思维方法的反思；批判的话语特征是在讨论武术"真"的问题的基础上，结合善和美来综合考虑的。

---

① 舒开智. 马克思主义美学视域中的审美现代性研究[J]. 东方论坛，2013（6）：84-88.

中国武术审美现代性批判与当代发展

第一节　反思：武术审美现代性批判的基本工具

近代以来，随着武术的现代化发展，武术传统的思维方式、价值取向发生了变化，"土洋体育"之争更是加剧了这种变化；西方的"罗格斯"战胜了中国的"道论"，中国武术发展出现了显著的现代性特征。武术审美现代性是武术进入现代性发展阶段以来的积极应对，但是其在发展过程中出现了一定的偏差，需要进行及时的纠正，以便武术更好更快地发展。实践需要理论的指导，理论具有先知先觉性，通过理论引导能够及时改正实际中的错误路线。批判不是目的，通过批判，指出偏差，重建当代武术发展模式及其实现路径才是目的。

一、反思依据

"马克思被誉为现代性理论的开创者。马克思主义的现代性批判理论尤其是马克思对资本现代性与审美现代性展开的双重视域批判，为我们提供了历史唯物主义的宏阔视野和反思批判的理论资源"[1]，也为我们探索与实现中国武术审美现代性批判提供了理论根据和思想资源。作为现代性批判的隐性结构，武术审美现代性的批判主要针对文化政治维度和人文价值关怀，更多关涉的是精神生产层面的文化现代化问题。在现代性历史进程中，物质经济生活（资本现代性）发展与精神文化生活（审美现代性）建构之间构成了矛盾复杂的关系，由此造成武术物质与精神、技术与人文、资本与审美、实用与价值等诸多方面呈现出严重的矛盾冲突与对立分裂。资本现代性不仅没有改变武术的异化现象，反而使其价值追寻进入虚无主义。"为了克服价值虚无主义，摆脱偏枯的工具理性的主宰，应该在坚持启蒙的基础上超越启蒙。审美现代性作为文化现代性的重要体现，同样应在此原则主导下矫正偏颇继续推进"[2]。这也是武术审美现代性批判的价值和意义所在。

在文化现代性进程中，要让异文化角色真正有利于本文化自身的积极变革和现代性转型，关键之一在于确保本文化的主体性得到高扬，并探寻到异文化的合理转化路径[3]。武术在与西方体育文化交流与碰撞的过程中，面对异文化的种种挑

---

[1] 宋伟. 中国式现代化语境中的美育现代性问题[J]. 文艺争鸣，2022（3）：106-109.
[2] 徐向昱. 现代性实践与审美现代性[J]. 社会科学家，2014（8）：133-137.
[3] 王一川. 文化现代性中的异文化角色——跨文化学视域中的审美生命政治[J]. 人文杂志，2021（1）：20-26.

第三章 武术审美现代性批判的基本工具与目标指向

战,只有不断增强自身的应变力、创造力和再生力,发挥武术文化主体性,使武术文化再生为新型武术文化或者武术文化的新形态,才能稳步地朝向自身预定的目标前进、再前进。具体做法是:建构传统武术现代话语体系,坚持武术文化的主体性原则,吸收借鉴西方体育文化的科学理性因素,将其与武术训练理念、教学理论和实践应用结合起来,转化为一种可重复的、可验证的方法手段,增加传统武术的科学性,减少传统武术的感性化、经验化、神秘化色彩。

从批判理论的视域看,武术审美现代性全面彻底地反思武术现代性的危机意识,武术审美现代性理论话语是对传统形而上学的颠覆解构。在此过程中,要警惕"一边倒"的思想倾向。

二、谁来反思

对当代武术发展葆有一种热情和关怀,是武术发展决策者、武术从业人员,特别是武术研究者们应该有的心绪和状态。常怀律己之心,不断反思警醒,当代武术发展到底是哪里出了问题?为什么会这样?深层次原因又是什么?一连串的时代之问,触动着每位武术研究者的心性。未经反思的生活是不值得过的(苏格拉底)。中国武术在技术方面极度效仿西方导致技术偏"左"、在文化方面过度舍弃传统导致文化偏"右"的现状必须反思。反思其给中国武术发展所带来的伤害(武术发展目标出现偏差)或不适(武术发展失去了文化主体性)。

对于新生事物的评价,人们常常见仁见智、褒贬不一。例如,近年出现在央视春晚表演类节目中的武术或太极拳,令全球观众耳目一新,与之共情,认为这是一种美的享受。又如,在竞技武术赛场上出现的"跳跃难度古不见,直落直起稳如丁;运劲刚柔快且匀,难落缓起势又承;诸动肘靠多攻防,各式荟萃融一炉;音配拳套势谐韵,陈式风格适少年"[①]的竞技太极拳被认为是一种新文化现象。但是,这些在传统武术家眼里是不伦不类的另类,是对传统武术风格特色的亵渎。

传统武术在现代性过程中面临着文化冲突和调适问题,尤其是传统武术一直存在的神圣意象问题。作为武术文化基因的重要组成部分,神圣意象是指生活在特定社会文化场域空间之中的人们所拥有的神圣不可侵犯的情感和观念,这种情感及观念的建立得益于对地方传统的取材和抽象符号的重构[②]。现代社会发生巨

---

① 郭志禹. 太极拳新文化现象探骊[J]. 成都体育学院学报,2008,34(10):6-9,39.
② 王智慧. 神圣意象的建构:武术文化记忆生成的多重空间意涵[J]. 北京体育大学学报,2021,44(4):153-163.

中国武术审美现代性批判与当代发展

变，尤其是传统武术的生存空间和传统土壤已经今非昔比，无论是物质上还是精神上都缺少建构的场域。正如20世纪的两次体育之争，在性质上有着根本的区别。20世纪20年代是"新旧体育"之争，争论焦点是体育自身的认识问题，是属于纵向的传统与现代之争；20世纪30年代是"土洋体育"之争，争论焦点是发展模式和发展道路的选择问题，是属于横向的中国与西方之争。前者是关于发展体育的问题，后者是关于民族文化的问题。诸如这样的问题，现实中还有许多，需要关切武术发展的有识之士认真思考和对待。

三、反思什么

从文化内涵、价值取向、运动形式和参与群体上可以将武术区分为传统武术和竞技武术。竞技武术是武术体育化、体育现代化以来，从传统武术母体中分离出来的。二者虽有武术的共同基因，但是差异性明显。例如，传统武术是农耕文明的产物，有着乡土文化背景；竞技武术是工业文明的产物，有着西方文化背景。传统武术追求的是习武修德，以武明志；竞技武术追求的是习武进阶，以武立身。传统武术是和谐比试，点到为止；竞技武术是激烈竞争，争分夺牌（锦标主义）。传统武术是习武大众的自娱自乐；竞技武术是运动精英的"你死我活"。竞技武术是传统武术现代化发展的时代产物，然二者表现的现代性特征大不相同，并沿着各自的发展路径向前运行。新文化运动以来，物质文化的现代化、精神文化的现代性推动着传统武术的现代转型，在这个不断觉醒的进程中，传统武术遭遇了现代话语体系建构的困境。涉及传统的"去"与"留"、"舍弃"与"继承"的二元选择困难症再次摆在了传统武术面前，在这个过程中出现了祛魅与复魅、科学与反科学、理性与感性的对抗，也使竞技武术与传统武术走向了对立面。社会现代性发展阶段，传统武术的现代化改造是一个无法选择的被动过程，"生存与毁灭"成为一个问题。武术非物质文化遗产保护就是传统武术现代化生存的现实图景，是推动传统武术现代化可持续发展的被迫之路。在这条道路上有些拳种可能会消失，我们要摒弃片面的非理性的认知，认识到那只是社会进化、优胜劣汰的必然结果。传统武术现代化发展必须有所取舍，舍弃那些虚无的神秘主义色彩，舍弃那些非理性的不科学的理论（包括教学和训练理论）；留住那些经过实践检验的技击方式和思维逻辑，留住那些经过时间洗礼的价值取向和文化精髓。只有如此，武术的现代化转型才算是获得了重构与新生。

第三章　武术审美现代性批判的基本工具与目标指向

武术现代化使其有了科学化、市场化的发展症候。武术科学化冲击了武术评价方式的感性化和模糊性，武术市场化削弱了武术人文精神的大众化和社会性。武术现代化的标准化使竞技武术套路成为千篇一律的"东方艺术体操"，难以走出形式化和单一化的怪圈。资本是现代性的核心推动力，武术影视体现出了商业资本在武术领域的渗透，审美价值逐渐被经济价值所取代，现代科学的影视技巧虚构的乌托邦使真实的武术技击偏离现实航道。应该说，现代性与审美现代性使武术具有了"瑕瑜互见"的两面性——祛魅与复魅、科学与反科学、理性与感性。片面强调现代性之科学的实用性和功利性维度，或者片面强调审美现代性之感性的神秘性、虚无化、复魅性维度，都是偏激而不可取的。

现代信息社会，自媒体成为武术个体传播武术的主要渠道，成为制造热点、获取流量、出风头、博眼球的第一窗口。这些"炒作"引发了武术的文化生态失衡，加剧了武术重利轻义、重技轻德的价值取向偏离，丧失了武术主体文化、精英文化的精神导向，工具理性遮蔽了价值理性，失去了武术（文化）为国家战略服务、为人民生活服务的社会基础。

在全球化背景下，构筑中华民族共有精神家园面临历史虚无主义、享乐主义、拜金主义、利己主义等价值观念的干扰，致使意识形态与价值观念存在错位的风险[①]。当下，武术的文化内涵和精神家园正遭受着无情破坏，一部分不负责任的所谓的武术传播者、武术"传承人"，如闫F、马BG之流假借传道授业之名，行骗钱敛财之实，不仅污名了中华武术，还带偏了受众的价值取向，其行径在各大网络平台流传，一度冲上热搜，严重破坏了武术的社会基础。

现代性和审美现代性要想走出"二元悖论"危机，必须改变个体对待传统、法则和标准的彻底虚无化态度（审美虚无主义），改变个体改造外在世界的唯意志论和工具理性态度，明白外在世界不仅仅是满足人类欲望的对象，还是给予人类心灵慰藉的精神家园[②]。鉴于武术的艺术化、消费化及审美浅表化现象，提出应适时反思武术的价值和作用，加强自律，注重保持自身"传统与现代、内蕴与外显、技击与艺术、教化与娱乐"的合理张力，使其不失"武之为武"的民族身份傲立于世界之巅。

---

① 白晋湘，万利. 中国武术构筑中华民族共有精神家园的理论与现实逻辑[J]. 广州体育学院学报，2022，42（1）：1-7.
② 张红军. 启蒙现代性、审美现代性与审美虚无主义[J]. 山东社会科学，2021（3）：174-181.

中国武术审美现代性批判与当代发展

第二节 超越：武术审美现代性批判的目标指向

批判是以对现有问题的反思为基础，批判不是目的，批判的目标指向是超越（解决问题）。只有将武术视为一种优秀的民族文化，通过媒体的正面宣传，才能使武术传统文化基因与当下社会语境协调发展。在此过程中，武术一定要保持高度自律，因为武术自律是超越武术审美现代性的思想源泉。

一、文化高度定位武术，展示武术独特魅力

有学者指出，从"体育"走向"文化"是中国武术当代发展的必然选择[①]。中华人民共和国成立以来，武术归属体育领域，武术成为体育的一部分。从大文化观来说，体育也是文化的组成部分，武术的文化属性通过体育手段得以彰显，体育是武术文化属性的物质载体，因此说从"体育"走向"文化"并不符合语言学逻辑。其实，从"体育"走向"文化"并不是弱化武术的体育功能，而是提升武术的文化功能和彰显武术的文化自信。有了文化自信，武术就会彰显符合身份的精神气质，展示符合身份的指纹特征，塑造符合身份的传统体系，从而促进多元共生、和而不同的新时代武术走进世界体育文化大系。武术的文化属性具有本民族体育自己的特色——传统文化孕育的具有中华传统文化的优秀内质。对西方体育理论与方法盲目崇拜，间接学习得来的经验没有好好消化就照搬使用，造成"消化不良"。西方文化和奥林匹克运动改造下的武术现代化，改变了自身的文化结构，中国武术文化身份迷失的根源就是无底线的去传统化。用现代性"科学"的视角看待武术、解码武术，武术被贴上非科学化的标签，武术品味与体悟的审美方式、感性与朦胧的思维方式、经验和感悟的练功方式得不到科学合理的阐释，导致武术在现代性语境中缺乏文化认同，迷失了自己的文化身份，落入西方体育文化制造的"陷阱"无法自拔。中华传统文化的模糊性、感性化，如太极、阴阳、五行、八卦等是武术现代化及现代性发展进程中难以量化的因素。中华传统文化所体现的哲学思想一直是传统武术发展的重要理论来源，在现代性的祛魅和理性指引与改造下，传统武术失去了赖以生存的土壤，生态环境被破坏，中国武术发

---

① 王岗，张大志. 从"体育"走向"文化"：中国武术当代发展的必然选择[J]. 成都体育学院学报，2013，39（6）：1-7.

展成了无根之木、空中楼阁。

　　武术能否在体育领域展示出文化特色，让武术文化获得良好的发展平台和成长空间，主要看我们有没有面对现实的勇气和纾解困境的良策。审美现代性在与现代性缠斗中，有些过激的表现，我们要认清现实，勇于批判武术审美现代性的不良表现，站在文化的高度为武术发展谋求脱困之道。对武术的发展策略、发展模式要采取和谐有度的方式，在发展中肯于有所取舍，始终将武术文化摆在首位，以增加武术文化定力，提升武术文化软实力。2013年8月19日，习近平总书记在全国宣传思想工作会议上指出："宣传阐释中国特色，要讲清楚每个国家和民族的历史传统、文化积淀、基本国情不同，其发展道路必然有着自己的特色；讲清楚中华文化积淀着中华民族最深沉的精神追求，是中华民族生生不息、发展壮大的丰厚滋养；讲清楚中华优秀传统文化是中华民族的突出优势，是我们最深厚的文化软实力。"武术文化软实力的集中体现就是"和"。武术中蕴涵着天人合一、阴阳八卦、太极五行、和谐中庸等"尚和合"思想，这从武术的技击要求、练功方法、思维方式、文化内涵、精神追求等方面有所体现，甚至体现在武术的人与人交往、国与国交流之中，如点到为止、以和为贵、上兵伐谋、不战而屈人之兵等。

　　武术隐喻着多元文化价值。筑牢武术文化自觉意识，形成"武德比山重，名利草芥轻""心正则拳正""文以德显，武以德彰"等文化认同，激发武术的文化张力是当下的首要任务。树立武术的文化自信，以大文化观、大武术观为指引，守正创新，拓展武术的生存空间、发展空间，突出武术的多元文化价值，激发武术的文化活力是武术走出文化误读、文化危机的必经之途。从学理上解构发现，传统武术现代转型困境的主因是话语体系不健全、文化主体意识缺失，在传统与现代、东方与西方之间摇摆不定。要想走出这种发展窘境，必须重新找回传统武术的文化基因，强调武术的文化地位，扭转武术的价值导向，纠正武术的审美偏差，还原武术的国粹角色。归根结底，武术现代性发展问题的实质是文化问题，是文化适应、文化自觉、文化自信、文化转型等问题，凸显武术审美现代性之文化性是解决当下问题的关键。

二、发挥综合媒体作用，正面宣传武术文化

　　"媒介是事物延续和再生的凭依。媒介的演进使事物在不断适应人的需求的轨

道上延续和再生。媒介基于人对自身力量的突破和超越时空限制的需求，以不同形式渗透在人类社会的各个领域，对推动人类社会的前进起到了不可忽视的作用"[1]。法国媒介学家雷吉斯·德布雷[2]说："如果要传承的话，首先必须要有传播。"传播要有媒介，要依靠媒体平台。宣传武术文化的媒体平台是多元化的。现在有些网络媒体为了吸引眼球、赚取流量，毫无底线，不惜制造热点，假借大师噱头，编排炒作武术，严重损害了武术的正面形象。像马BG这种武术界非主流人物在媒体的包装下竟然成为混元形意太极网红（恶搞出"闪电五连鞭"借机吸粉）。自媒体、非主流媒体对此炒作的声音，一度盖过了主流媒体、官方媒体的声音，使得原本借机炒作噱头赚取流量的目的越位，一些不明真相的大众乐此不疲，争相转发，严重破坏了主流媒体的合法性，僭越了主流文化的权威性，引发了社会各界的广泛关注和热议。这种文化乱象背后反映的是大众对武术文化的误读，也可以说是大众对武术文化认同感的缺失、大众对武术文化信仰的迷失。媒体对宣传武术文化、复兴中华优秀文化有着深深的历史责任，利用线上线下、新媒体、融媒体等形式，多层面、多视角宣传和普及武术文化，让虚假的、神话的、虚构的武术无处遁形；而对那些道德败坏、价值扭曲、唯利是图的所谓的"武术传承人""武术从业者"集中曝光，让大众知晓他们的卑劣行径。同时，引导大众建立正确的价值观念、评价标准和审美趣味，避免被低俗、时潮、恶搞文化所裹挟，失去对主流武术文化的敬畏感和信仰度。其实，个别媒体刻意否定、丑化武术文化是受到经济利益的驱使，是受到不良风气的污染，是对武术文化的亵渎。用管窥天、竭泽而渔不可取，利欲熏心、颠倒黑白必定误人误己，长期下去会使大众对武术文化产生信任危机，从而断送中华优秀传统文化传承与传播的物化载体。

不同媒介时代武术传播路径亦不同，传统武术经历了多种媒介传播时代。例如，在口传时代，武术口口相传，通过神话传说、民间故事传播；在文字时代，拳谱、谚语、武术手抄本出现；在印刷时代，机械复制技术出现，大量书籍著作问世；在视觉文化时代，审美仿像、影像作品、功夫舞剧走进大众视野。武术的创作、传播和传承都在这个构织的生态系统中有序循环着。

现代媒介的兴起，打破了相对封闭且稳定的系统，使传统武术价值系统和生态环境发生根本性变化。传统武术的传播速度、传播距离都从较为狭小的空间变为无限时空，受众群体也遍布世界各地。原来地域化、本土化的特点，以及稳定

---

① 王廷信. 中华传统艺术当代传承的媒介路径[J]. 北京电影学院学报，2020（11）：4-11.
② 雷吉斯·德布雷. 媒介学引论[M]. 刘文玲，译. 北京：中国传媒大学出版社，2014：5.

第三章 武术审美现代性批判的基本工具与目标指向

的样态、恒定的品格、传统的特质被现代媒介打破了，导致传统武术出现诸多的不适症状。

传统武术基于语言、文字、物质材料和人的身体等媒介来呈现。加拿大媒介学家马歇尔·麦克卢汉①说"媒介即是讯息"。20世纪80年代中后期，现代媒介塑造的虚拟影像超越了实体空间，让受众获得借助虚拟空间感受传统武术的新通道，影片《少林寺》一夜之间红遍大江南北，受众群体更是遍布全世界。传统武术一直靠传统媒介、实体空间传播，现代媒介让传统武术的实体空间失去了优势，传统武术在现代媒介中转换已成必然。现代媒介尤其是视觉文化的出现让传统武术以虚拟影像或图像的形式出现，转移了受众的注意力。受众从对传统武术实体空间的关注转向对虚拟空间的关注。传统武术以知识传授和技能传授为主，主要体现在学校教育、师徒传授、家族传承、社会培训等方面，集中于"师""徒"之间实体空间的口传面授。现代媒介的出现，打破了这种局面。"师""徒"在实体空间的近距离传授受到了威胁，口传面授的机遇大大减少，网络武术教学视频五花八门，层出不穷。在这种现实背景下，传统武术要与时俱进，从生产方式、传播方式、传承方式等方面积极向现代媒介靠拢，充分利用现代媒介的虚拟空间正面宣传武术文化。例如，线上编织一张集传统武术技艺的教学视频和大量传统武术的知识资源于一体的"大网"，传承与传播武术文化，让传统武术技艺及围绕技艺展开的智性资源有更大的发挥空间。

面对数字媒介迭代发展，智能化媒介技术对国家政治、经济、文化、生态都产生着影响，而这些影响使得社会各行各业发生了基于传播逻辑重组的全新变化。媒介与人、与社会的关系日渐紧密，深入到社会机构的运作中。法国情境主义者居伊·德波②称消费社会为"景观社会"。借助高科技手段展现武术魅力，培育大众的消费欲望。借助大众媒介，特别是电视直播、网络互动等形式反复向观众传递武术文化的魅力。媒体重要的不是在复述对象，而是在炫耀对象。媒体制造魅力，往往通过镜头的剪接、拼贴、夸张、特写、快慢回放等手法，渲染武术运动员的精神、意志、激情、力量、技法等；还可通过制造散打比赛悬念、过程中的偶然、观众的参与、队员的生活轶事等来完成。这些都是增加武术社会基础的手段和方法。

2014年2月24日，习近平总书记在中共中央政治局第十三次集体学习时指

---

① 马歇尔·麦克卢汉. 理解媒介：论人的延伸[M]. 何道宽，译. 北京：商务印书馆，2000：33.
② 居伊·德波. 景观社会[M]. 王昭凤，译. 南京：南京大学出版社，2006：15.

中国武术审美现代性批判与当代发展

出:"一种价值观要真正发挥作用,必须融入社会生活,让人们在实践中感知它、领悟它。"现代性和审美现代性使武术沦为服务经济的工具和无良之人的恶搞噱头,以价值驱动中国武术的复兴转化与内容创新是当代人的文化自觉和文化自醒。在现代信息技术高度发达的时代,武术需要先融入习武群体的日常生活,再感悟武术带给他们的价值体验,充分利用融媒体平台,立体呈现武术文化,吸引受众群体共同参与,提高武术的传播力和影响力。例如,通过抖音、微博、快手、西瓜视频等网络平台,以短视频形式传播武术历史文化、武术思想观念、武术行为方式和武术审美趣味,提升国人对武术的认同感,构筑和维护应有的精神家园。

三、武术传统文化基因与当下社会语境协调发展

作为国家需要、社会主流的武术,自上而下的政治化生产逻辑不能改变。武术传统文化基因的核心是"自强不息,厚德载物""崇尚和谐、不争无为""以德育人、以美培元"等。近年来,武术审美现代性的感性、复魅主张,使得武术出现艺术化、消费化、神秘化等倾向。当下社会,要对武术的仁礼教化、武德修为、美育教育、思政教育等内化功能进行解码,然后编码植入武术多样化形式中,通过修心、塑心,培育民族精神和家国情怀。例如,唤醒武术的生存、生命教育内涵,对武术精神文化,如礼仪、武德、教化等本质内容强化,减少造"器"的教育,增加成"人"的教育,培养体智结合、技德一统、能武能文、文武兼备的习武者,并自觉融入体育强国、文化强国、健康中国及构建人类命运共同体等国家战略中去,在国家战略中扮演好"弘扬传统武术文化、满足群众健康需求"的角色。

(一)培养责任担当——武术"德育"之首

通过武德教育,武术蕴涵的民族气节和爱国主义精神将成为习武者知荣辱、敢作为的巨大动力,激励他们自强不息、奋发有为。古时,不乏"重德、立德"之武者。例如,津门大侠霍元甲、洪拳大师黄飞鸿、一代宗师叶问、神拳大龙蔡龙云等,他们不畏强暴,挺身而出,为捍卫民族尊严而不顾个人安危,凭一己之力战胜对手,赢得了国人的认可;他们虽然武艺高超,但是素以"重视武德"名满天下,并时刻注意将个人的武德修为寓于武术授业之中,潜移默化、耳濡目染,培养出的弟子多具有家国情怀和责任担当。现今,通过武德教育增强习武者良好品德意识,规范习武者日常生活行为,培养习武者为人处世之道,为其树立正确

的人生观、价值观、世界观打下坚实的基础。穷则独善其身，达则兼济天下。立德树人、彰显武德情怀乃武术育人的首要任务。通过一言一行、一举一动，表现出习武者的责任担当和育人情怀；通过认同与模仿，引导习武者的言谈举止，培养他们的高尚情操，使其懂礼，教其向善。例如，太极拳养生文化倡导的不争、无为、心斋、坐忘、悟空、体道、舍己从人、点到为止等，旨在于柔和缓慢之中展现技击之术，在心静体松之中体会武术之道。敬畏自然、尊重生命，这种积极的、健康向上的生活理念和处世哲学，体现了武术的"身体育人"之根本。

德育培养路径："未曾习武先习德""武以德立""德以武显"。不管采取何种形式习武，最先接触的都是武术礼仪，它潜移默化地影响着习武人的品德。我们在学习武术之初，都要接触抱拳礼。学习武礼、重视武礼，可以加强自身的文化修养。当下，武术教育忽略了武术的礼仪教化功能，也缺乏必要的方法手段。为今之计，应该利用信息技术支持下的寓教于乐方法（而不是用生硬说教的方法）巧妙地将品德教育融入武术教育实践之中，使武德教育贯穿习武全过程，培养习武者的良好品质与责任担当。例如，通过游戏的方式，预设道德情境，考查习武者的言谈举止和行为表现；通过身体的具象感知，让习武者体会"舍己从人"的技术方法；通过身体的肢体语言，展示出习武者"先人后己"的礼让担当；通过武术比赛，让习武者学会敬畏规则、尊重裁判、尊重对手，在攻守中常怀仁德之心，在进退中彰显礼仪之为。简言之，只有把武德教育落到实处，才能发挥出武术"随风潜入夜，润物细无声"的育人效果。

（二）提倡科学精神——武术"智育"之要

武术套路拳种众多，有的长期在民间自由发展（多有起源不详或附会之说），难免会产生一些伪科学的理论与技法。习武者要敢于质疑，只相信科学，不迷信"权威"。从理论层面到实践层面做到对武术主要拳势"知其法，明其理"，知其然与所以然[1]。同时，现代科技手段已经引发了教育理论和实践的深刻变革[2]，无论是武术套路的艺术性和健身性，还是武术散打的随机性和应变性，都可借助高科技手段，通过身体感知、创设情境等虚拟性环节，为武术动作的实战能力和健身效果提供验证方法，增加习武者学习的积极性和问题的反思性。

---

[1] 刘文武. 武术教学与体育项目教学的区别[J]. 北京体育大学学报，2015，38（10）：98-102.
[2] 李桂霞. 信息技术支持下的"寓教于乐"[EB/OL].（2019-07-03）[2024-04-13]. https://www.cac.gov.cn/2019-07/03/c_1124703492.htm.

中国武术审美现代性批判与当代发展

智育培养路径：在尊重科学精神、遵守创编原则、符合人体动力学原理的前提下，鼓励习武者创编新的套路或动作组合，创设虚拟的情境，对新创编的套路或动作组合进行演练和评估，通过反思性学习与实践，对实战不力的招式进行修订，提升他们的理论知识和技能水平，散打课上也要适时安排两两相当的实战。斗智斗勇的散打对抗不仅是习武者技术与体力的比拼，更是习武者心理和智力的较量。武术虽小技，然其道大焉[①]。通过习练武术，习武者能够掌握一种终身体育的锻炼方式和健康向上的生活方式。

（三）倡导健康生活——武术"体育"之根

武术是一项刚柔并济、内外兼修的身体运动，对人们的生理身体、心理身体、社会身体的健康有着独特的作用。"手眼身法步，精神气力功""外练筋骨皮，内练一口气"，武术之太极拳运动讲究动作、呼吸和意念三者相互配合。它体现了武术的"身体育人"之根本。西方竞技体育运动项目追求"更快、更高、更强"，以打破平衡为目的；而中国武术与民族传统体育追求"天人合一、人际和谐、身心一统"，以建立平衡为归旨。中国武术的这种追求是对自然的敬畏、对生命的尊重、对健康的渴望。全民健身计划的推进应该顺势而为，传承国粹、回归主流社会价值取向，开展太极拳和地方特色拳种，让各地区、各人群体悟我国民族传统体育倡导的体育锻炼方式和健康生活方式。

体育培养路径：目前，武术普及度相对较低，推广内容单一陈旧，很难在社会层面完成武术的"身体育人"之功效。提升武术的社会普及度，创编简单易学、内容新奇的武术套路，是体现武术之"体育"之深层次功能的重要途径。鉴于此，以推广武术段位制为主要抓手，做好武术普及工作。标准化是适应工业文明发展的一种高速、高效的传播方式，也可以视为对传统武术的一种适应性转化与发展。《中国武术段位制》是一套为武术爱好者建立的考试体系，对增强武术爱好者的兴趣、提升习武者成就感和获得感具有积极意义。段位制虽然又被视为标准化的传统武术，但是武术拳种流派众多，拳术套路丰富，将具备一定受众基础的拳种套路标准化、规范化、国际化，是适应不同习武者群体时代需求的必然选择，也是武术普及推广的重要手段。

---

① 马文友，王廷信. 崇尚和谐：论武术生态文化的审美之维[J]. 东南大学学报（哲学社会科学版），2015，17（6）：135-139，148.

第三章 武术审美现代性批判的基本工具与目标指向

（四）增加人文底蕴——武术"美育"之魂

中国武术是身体与精神、力量与智慧、技术与艺术的完美结合。武术的"美"是武术家们在"真"的实践中创造性地运用攻防格斗的客观规律，在套路演练和格斗中以真实的、直观的形象表现出人的智慧、精神与力量[1]。武术融合了中华优秀传统文化的精华，在"快慢相间、动静相宜、上下相随、起伏转折"，以及"以气催力、以意导动、以柔克刚、以弱胜强"等传统辩证哲学之中体现出武术之"美"。诚然，武术的人文底蕴是孕育武术美的灵魂，只有具备综合的文化素养、具备欣赏武术美的眼睛和心境，才能真正参透武术美的真谛。武术作为我国优秀传统文化的有机组成部分，不仅可以传承与发展民族传统体育的技艺，还可以陶冶人的高尚情操，培养人的审美情趣。在科学技术快速发展和社会竞争日益激烈的当下，武术在维护社会和谐、缓解人的心理压力及培养人的审美趣味等方面均具有重要作用。可以说，武术虽是一门实用之学，但它在我国自古崇尚"技术艺术化"的年代里早已具备了人文底蕴和美育功能——以美启真、以美储善。

美育培养路径：武术不仅追求外在"形美"，还崇尚内在"神美""德美""道美"。当下，人文精神和人文逻辑的缺失严重影响了武术美的内涵体现。基于此，开设武术文化大讲堂，聘请武术文化、武术美学领域的专家学者开展武德思想、武术审美观方面的专题讲座，通过英雄形象和历史人物形象的塑造陶冶性情，培养习武者的人文精神与美育基础；针对专业习武者，采取集中的方式方法进行理论授课，内容主要是武术中蕴含的"儒释道"精神、易经易理、阴阳学说及武术与传统文化的关系，调节他们的精神，平衡他们的心理，完善他们的人格，提升他们的人文逻辑与美学素养。同时，为习武者创造一切"美育"机会，搭建武术"美育"平台。例如，广泛举办省、市一级武术比赛，鼓励人们积极参与其中，以术求道、自我陶冶，从比赛中感受武术之美；在社区、大型商业演出中进行武术表演，纾解心情、净化心灵，从表演中体会武术之美；观看国际武术比赛、优秀武术影视作品，物我两忘、神与物游，从欣赏中品味武术之美；习练不同的拳种套路，尤其是地方特色拳种套路，道法自然、力法归一，从练习中体悟武术之美。

---

[1] 戴永琴，黄新，毛伟伟，等. 论当代全人教育理念指导下武术的"全"面教育[J]. 搏击（武术科学），2008（1）：23-24.

中国武术审美现代性批判与当代发展

（五）提高实践能力——武术"劳育"之本

劳动教育是培养个体全面发展的一个重要维度和指标。好的劳动教育可以抵制"好逸恶劳、贪图享乐"的价值取向及其不良影响；同时，劳动教育实践也能促进其他"四育"发展——以劳树德、以劳增智、以劳强体、以劳显美。重视劳动教育的社会价值，不仅能够提升个体的社会适应与社会实践能力，还能够使个体在实践中创新与创收，满足社会需求，实现个人价值。因此，武术锻炼有助于加强习武者的动手能力和动口能力，如全民健身武术表演、拳种历史、技艺的攻防用法等。可以说，武术的各色拳种为习武者技术演练提供了物质载体；武术的丰富哲理为习武者动作讲解提供了文化空间；武术的产业发展为习武者走向社会提供了生存资本。因此，要给予习武者充分表现自己的机会，从技能、理论和实践等多层面、多路径提高习武者的社会适应与社会实践能力，为武术的劳动教育作用夯实基础。

劳育培养路径：武术之劳动教育（实践能力）的逻辑起点和价值归宿是使武者学会生存与生活的一种生命教育[①]；通过武术技能展示、社区武术服务、武术教育培训等，习武者可以提升生存与生活能力。基于此，需要引导习武者在学习、交流、展示、较技、比拼中释放个性，展现自我，并强调这是习武者谋生的手段，是武术人立足社会的基础。人际交往能力是社会适应能力的综合体现。学习拳种技艺时，师徒之间、师兄弟之间沟通、协调、理解和配合，领悟拳种技艺、体悟拳种内涵，进而达成学会武术动作的目的。在技能展示中，表演者之间（对练）还能通过拆招、喂招换位思考和体验对手角色，学会竞争与合作等。

总之，"习文备武"君子之业也。武术的传统文化基因多元而聚焦，当代应尤以修身、保家、护国等家国情怀为首要。

四、武术自律：超越审美现代性的思想源泉

一个镌刻着民族符号，拥有悠久历史文化的传统体育，在日渐西化的思潮中遭遇滑铁卢。如果中国武术不转变思想观念，不提升民族精神高度，将不能跟上与时俱进的发展步伐[②]。2014年9月24日，习近平总书记在纪念孔子诞辰2565周年国际学术研讨会暨国际儒学联合会第五届会员大会开幕会上讲道："只有坚持从

---

① 段丽梅, 戴国斌. 基于"全人"生命教育视角的体育教育逻辑起点新论[J]. 体育科学, 2015, 35（6）：78-82.
② 马文杰, 王春力, 王艳艳. "文化自信"视域下中国武术发展困境与对策[J]. 体育文化导刊, 2022（6）：56-61.

第三章 武术审美现代性批判的基本工具与目标指向

历史走向未来,从延续民族文化血脉中开拓前进,我们才能做好今天的事业。"历史照亮未来,征程未有穷期。众所周知,武术是塑造家国情怀和民族精神的有效实践手段。审美现代性阶段,武术切不可自暴自弃,在与西方文化和现代文化的交流与融合中失去文化定力,降低自己的民族身份和文化品格;武术要保持高度自律,克服躺平思想,超越自身狭隘的功利属性,领悟真正的"大德智慧"和无限的"接近于道"。殊不知,文化模仿导致文化分裂,文化空壳化导致文化虚无化,继而出现了武术文化安全危机和信任危机。党的十九大报告中提出,"文化是一个国家、一个民族的灵魂。文化兴国运兴,文化强民族强",要通过"深入挖掘中华优秀传统文化蕴含的思想观念、人文精神、道德规范,结合时代要求继承创新,让中华文化展现出永久魅力和时代风采"。现代社会,资本现代性冲击着人的道德品格和价值观念,传统武术人的侠肝义胆、见义勇为、重义轻利、扶危济困等义利观受到很大影响,甚至有时个别传统武术人与当代年轻人的人情冷漠、道德沦丧等价值取向趋同。传统武德精神要旨与社会主义核心价值观同向同行,理应时代转化,继承创新,大力挖掘与弘扬。2016年5月17日,习近平总书记在哲学社会科学座谈会上的讲话中提到,要按照立足中国、借鉴国外、挖掘历史、把握当代、关怀人类、面向未来的思路,着力构建中国特色哲学社会科学,在指导思想、学科体系、学术体系、话语体系等方面充分体现中国特色、中国风格、中国气派。其实,武术中的武侠文化属于典型的具有中国特色的文化理论体系。武侠文化作为一种特殊的文化形态,融入了中国民族传统基因,反映出了民族心理、民族性格和人格理想[①],其与新时代社会主义核心价值观内涵一致,在武术审美现代性阶段,接续与传扬武侠文化是武术文化自觉的表现,也是建设社会主义文化强国、复兴中华优秀文化的题中应有之义。

优良的传统武术文化内质被边缘化乃现代社会的审美功利性使然。审美的革命是马克思主义美学的一个经典议题,在当代语境中,审美的革命具有更为多元化的物质基础与缜密的发生机制[②]。就武术审美现代性而言,社会现代化为其提供了物质基础,文化现代性是诱发其发生的机制。审美现代性是现代性工程的一个独特的子项目。在文化现代性与社会现代性的二项对立中,审美现代性以一种否定性的力量展现世俗化和技术化进程中的现代性隐忧。武术自律是审美现代性超越启蒙现代性的动力和自我救赎的路径。武术自律体现为三个方面的理论内涵,

---

① 郭玉成. 武侠文化的历史传承与新时代发展[J]. 武汉体育学院学报,2019,53(6):50-58.
② 向丽. 怀旧·乡愁·乌托邦——中国艺术乡建的三重面向[J]. 民族艺术,2021(3):138-148.

即武术活动主体的精神独立、武术作品意义和结构的自主性、武术职业场的区隔性特征,这些诉求都隐含着超越权力意识形态的规训。武术审美伦理不仅适应了市民社会的意识形态诉求,还将审美活动提升至一种伦理境界。只有武术家用职业伦理抵抗世俗化和技术化的现代工业文明的弊端,才能走出武术被污名化的窘境,建立一种真正的武术审美伦理。

在约架互殴污名的背景下,2020年7月,中国武术协会在其网站发布了《关于加强行业自律弘扬武术文化的倡议书》,号召全体武术人团结起来,恪守武德、遵守规则、加强自律,弘扬中华武术优秀传统文化,并倡议武术习练者不得自封"大师""掌门""正宗""嫡传"等称号,不得以武术拳种、门派名义参加综合格斗和自由搏击等搏击类赛事,不参加不分项目、性别、年龄、体重级别等不规范的赛事活动。2021年1月,国家体育总局武术运动管理中心、中国武术协会印发《清理整治武术乱象规范赛事活动管理办法》,该办法明确了须重点清理整治武术乱象,规范有序开展各级各类武术赛事活动,促进武术行业健康发展,预防并处罚违背中华体育精神、违背武德、违背公序良俗的行为,维护武术从业人员的合法权益,维护武术行业的良好风气,弘扬武术优秀传统文化。例如,对徐L约架的暴力事件、混元形意太极掌门人马BG的虚假宣传、经梧太极传承人闫F的争名逐利等进行重点整治;对过度追逐私利、排他性的门户之见,拉帮结派恶搞武术、踢馆挑战暴力复仇等负面事件进行重点监督。当下传统武术的发展正面临着网络话语与书面话语互斥、官方叙事与民间认知断裂[①]的境遇,需要上下同心,多层面、多视角的宣传,树立武术正能量,避免以讹传讹。

总之,面对武术审美现代性的特征及表现,当代武术不应局限在体育层面上发展,应加强自律及治理理性,站在世界之巅及时代前沿,从文化的高度上进行传承和弘扬;守护武术的精神家园,保持它的文化品格、基本风格和技术体系,避免造成文化遗失或文化误读,是当代人神圣的历史使命和现实职责。

---

① 彭波,张权.中国互联网治理模式的形成及嬗变(1994—2019)[J].新闻与传播研究,2020,27(8):44-65,127.

第四章 武术审美现代性批判与当代发展的关系

【内容提要】 本章将探讨武术审美现代性批判与当代发展的辩证关系。一方面指出，当代武术在审美现代性阶段出现了一些偏激表现，需要反思和批判，以保障其沿着正确轨道前行及高质量发展；另一方面指出，随着我国社会现代性的不断深入，当代武术发展出现了现代化、体育化、西方化的趋势，为武术审美现代性批判提供了空间和场域。简言之，武术审美现代性对当代武术发展有利有弊，批判是为了其更好地发展，发展中出现问题亦需要给予批判，这样才能"执其两端而用中"使武术发展整体上表现出螺旋式上升、阶梯式进步。

发展是一个永恒的话题。发展是事物进步的阶梯。社会现代化以来，武术发展取得了长足进步。然而，在审美现代性的语境下审视，当代武术发展亦出现了诸多不和谐的声音，需要给予批判。武术审美现代性批判与当代武术发展体现为一种辩证统一的关系。

第一节 武术审美现代性批判有利于当代武术的发展

审美现代性本来是纠偏和救赎的（摆脱政治的功利性），但由于被经济、资本吞噬而发展到另一极端，20世纪90年代文化商品化，新世纪文艺数字化生存的媒介转型使审美现代性成了欲望、感官享受，甚至是"娱乐至死"的工具。现在，武术审美呈现出一种过于追求感性、娱乐，为艺术而艺术的倾向；有感性至上、及时行乐的因素，强调艺术的感性形式，注重转瞬即逝的美。武术审美现代性的复魅和感性主张，在对抗与否定武术现代性的科学和理性的过程中出现了偏激表现，只有从根源找出当代武术发展的困境，才能更好地实现武术的创造性转化与创新性发展。不破不立，审美现代性批判视域下探讨当代武术发展，能够保障武术发展的方向和质量。

一、当代武术发展的研究现状述略

发展是个永恒的话题，研究武术发展是对当下的关切，是武术理论研究者的责任和担当。针对当代武术发展，众多学者从不同角度、不同思路、不同关切，以及不同视域均有所论述，如《中华武术"打、育、玩"一体化的演进规律与发展策略》[①]、《理法复归：新时代武术发展需要致力的一个方向》[②]、《"污名化"与"去污名化"：传统武术发展的困境及应对》[③]、《新时代中国武术发展的新思考》[④]、《中国武术现代化的历史回眸与新时代发展论略》[⑤]、《对接"国之大事"的武术发展战略调整》[⑥]，上述研究指出了武术发展的宏观战略，以及武术发展的具体策略、路径和时代考量。近年来，有些学者已经关注到武术发展的困境或问题，从批判视域指出了症结所在和个人所思，如《"再发现"与"再出发"：中国武术发展的文化反思》[⑦]、《对传统武术社会中信任机制的现代性反思》[⑧]、《"身体消费"视域下武术的挑战与反思》[⑨]、《中国武术"现代化"：起源、批判与反思》[⑩]、《对中国武术体育化进程的文化反思》[⑪]、《从文化哲学的视角反思当代中国武术的发展问题》[⑫]、《武术现代化发展的困惑与反思》[⑬]等，内容涉及武术现代化、现代性、

---

① 姜飞，王勇，罗应景，等. 中华武术"打、育、玩"一体化的演进规律与发展策略[J]. 体育学刊，2022，29（4）：92-97.
② 刘文武，朱娜娜. 理法复归：新时代武术发展需要致力的一个方向[J]. 西安体育学院学报，2022，39（4）：470-476.
③ 杜俊儒，王明建. "污名化"与"去污名化"：传统武术发展的困境及应对[J]. 北京体育大学学报，2021，44（7）：143-156.
④ 武冬. 新时代中国武术发展的新思考[J]. 武汉体育学院学报，2020，54（2）：53-58.
⑤ 赵连文，朱雄，王岗. 中国武术现代化的历史回眸与新时代发展论略[J]. 沈阳体育学院学报，2019，38（4）：130-137.
⑥ 杨建营. 对接"国之大事"的武术发展战略调整[J]. 上海体育学院学报，2018，42（6）：51-56，63.
⑦ 王岗，赵连文，朱雄. "再发现"与"再出发"：中国武术发展的文化反思[J]. 体育学研究，2019，2（2）：6-14.
⑧ 张君贤，戴国斌. 对传统武术社会中信任机制的现代性反思[J]. 首都体育学院学报，2018，30（1）：38-41.
⑨ 张国良，戴国斌. "身体消费"视域下武术的挑战与反思[J]. 沈阳体育学院学报，2017，36（6）：132-137.
⑩ 关铁强. 中国武术"现代化"：起源、批判与反思[J]. 山东体育学院学报，2017，33（3）：57-62.
⑪ 冉学东. 对中国武术体育化进程的文化反思[J]. 成都体育学院学报，2014，40（1）：43-48.
⑫ 於世海，陆小黑. 从文化哲学的视角反思当代中国武术的发展问题[J]. 成都体育学院学报，2011，37（11）：41-44.
⑬ 刘鹏，孙刚. 武术现代化发展的困惑与反思[J]. 上海体育学院学报，2008（3）：71-74.

第四章　武术审美现代性批判与当代发展的关系

体育化、消费、文化等。然而，单纯从现代性、审美现代性角度的研究较少，如《武术现代性的内涵、起源及其演进——一个社会史的考察》[①]、《传统社会中武术的异化及其现代性复归》[②]、《现代性支配下的武术现代化发展研究》[③]、《中华武术文化的现代性》[④]、《武术现代性的断裂》[⑤]；真正从武术现代性再到武术审美现代性角度查找原因并给予批判的论述却寥寥无几（仅见笔者的 1 篇[⑥]），能够在批判基础上指出当代武术发展逻辑与路径的更是罕见。本章在前人研究的基础上，立足审美现代性批判的视角，探讨当代武术发展的相关问题。

二、武术审美现代性批判有利于自身发展

近现代以来，武术发展的科学化一直是其主流并延续，尤其是 2008 年北京奥运会之前，为了与国际接轨，更大力度地科学化、去传统化。入奥未果后，又重新审视武术发展的时代意义，这时，审美现代性重回大众视野，其倡导的复魅之感性状态要求武术回归传统，继而出现了武术入奥的质疑声，强调中西方体育的差异性、突出武术的个性化发展之路。近些年，一些外国朋友问及传统武术能打吗？有武术大师吗？这些现实问题再次将武术从审美现代性的价值理性导向了现代性的工具理性。

周虽旧邦，其命维新。现代性的工具理性使武术变成了一种表演的、消费的工具，审美现代性在对抗的过程中又出现了一些极端表现。审美现代性是对日常经验，以及最重要的工具理性的全面挑战。从认识论角度说，审美现代性对科学理论的"认识-工具理性"深刻质疑；从伦理学角度说，审美现代性对"道德-实践理性"不信任和否定。作为学者，要有敏锐的眼光和反思的勇气，要做出正确的理论先导及舆论引导。消费社会，大众的情绪宣泄和快感消费是将武术推向工具理性的深层原因。武术审美出现了一些偏激表现，如闫 F 太极、隔空打人、徐 L 约架和马 BG 输拳后一句"耗子尾汁"等江湖"大师"们的丑态，再次验证了武术审美现代性主张的复魅具有虚假宣传和神秘色彩的偏激表现。当今社会，审

---

① 廖上兰，刘桂海. 武术现代性的内涵、起源及其演进——一个社会史的考察[J]. 西安体育学院学报，2022，39（4）：477-484.
② 张震，张长念. 传统社会中武术的异化及其现代性复归[J]. 体育科学，2015，35（5）：88-95.
③ 杨建营. 现代性支配下的武术现代化发展研究[J]. 上海体育学院学报，2012，36（5）：66-72.
④ 彭鹏，李勇. 中华武术文化的现代性[J]. 成都体育学院学报，2008（8）：36-38.
⑤ 戴国斌. 武术现代性的断裂[J]. 体育文化导刊，2004（2）：35-38.
⑥ 马文友. 中国武术审美现代性及其批判[J]. 上海体育学院学报，2015，39（4）：37-40，45.

中国武术审美现代性批判与当代发展

美现代性孕育了些许投机取巧、不劳而获的价值取向,有些心理浮躁的人急于出名、牟利,不惜杜撰、篡改、伪造、编排各种子虚乌有的拳种,神化传统武术的功能,并利用自媒体——微博、B 站、抖音、头条等恶意炒作、牟取利益,致使武术被污名化;同时,"官媒"治理的不到位、不及时进一步使武术污名现象泛化。武术审美文化转变,武术套路的艺术化发展是不折不扣的技击乌托邦,理想与现实的差距进一步加深了文化误读。传统武术文化价值的挖掘应是其新时代的目标指向。能打、不能打的价值判断是停留在冷兵器时代的固化思维所致。不应让少数假大师、假掌门的乱象行为左右人们对传统武术价值功能的判断。总之,大众意识形态具有盲目性,商业炒作的大众趣味具有盲从性,作为学者应该保持高度的文化自觉和警醒性,要时刻纠正社会大众出现的不良现象。同时作为武术文化研究者也要有自己的文化立场,立意批评现实中出现的武术审丑现象,"正解"武术文化,增加武术正能量;彰显武术文化,增强武术竞争力;守护武术文化,树立武术品牌意识。

第二节　当代武术发展为审美现代性批判营造新的空间

发展是由旧物质到新物质的运动变化过程,其根源是事物的内部矛盾,实质是新事物的产生和旧事物的灭亡。只要发展就会有问题(事物发展的一般规律),只有在发展中发现问题,才能解决问题。当代武术发展出现的艺术化、消费化、神秘化、同质化等将意义和精神消解而将欲望和本能张扬;弃精神家园不顾而热衷于物质的沉醉之中,过分的物欲将精神挤压成了侏儒。这就为武术审美现代性批判营造了新的空间。

一、当代武术发展出现了艺术化的趋势

20 世纪 80 年代后期,随着电子工业的兴起,电子产品逐渐走进千家万户,大量影视作品涌入人们的视线。特别是 20 世纪 90 年代以来,办公及家庭计算机的普及,使得影视传媒成为人们娱乐的主要手段。据此,有学者称,视觉文化时代在我国已经到来[1]。1982 年,功夫影片《少林寺》的播映,在中国乃至世界范

---

[1] 李鸿祥. 视觉文化研究——当代视觉文化与中国传统审美文化[M]. 上海:东方出版中心,2005:15.

第四章 武术审美现代性批判与当代发展的关系

围内引起了强烈反响，不能不说这是视觉文化的魅力初现。一方面，网络的全球化使得资源共享成为可能；另一方面，影视的艺术加工使得原本朴实无华的武术增添了几分亮丽和传奇的色彩。这不仅要归功于网络时代的相对时空观，还要感谢视觉文化时代的特定审美观。近代西方美学的引进，使得原本古典美学一统天下的传统审美观受到了极大的冲击，中西方美学在相互激荡中找到了契合点，人们的审美情趣在逐渐变迁：从内蕴走向外显，从慢中体会到快速回味[1]。正是在这样的文化背景下，少林武功的禅悟与修心养性之功，以及"忍无可忍，无需再忍"的教化理念，在西方审美文化主张外显（影视独具韵味的音响、服饰等修饰）的催化下，顺理成章地爆发出来，恰好符合当下世人的审美心理，取得了令人意想不到的效果。

当今社会法治与德治并举，促进了社会的平稳健康发展，物质生活空前丰富，人们生活安居乐业、趋于和谐。然而，社会的高速发展、竞争的日益加剧又使得人们的精神世界处于极度的紧张和压力之中。物质与精神生活步调不一致所造成的人性的扭曲，急需找到化解途径。武侠影片《英雄》《霍元甲》的热映，一方面反映了人们价值取向趋于"富贵不能淫，贫贱不能移，威武不能屈"的民族气节；另一方面也看到，通过武术的艺术化所塑造出来的"暴力美"正好迎合了时下一些人的心理解压需求，在观看影片中消解了潜在人的内心深处的暴力倾向。

正如暴力美学的定义中所说，暴力美学是将枪战、武打动作和场面中的形式感发掘出来，并将其中的形式感发扬到炫目的程度而产生的。它采用非权威化叙事，从观赏的角度来说是非道德化欣赏，把暴力的表现变成一种唯美主义的形式探索和追求。因此，形式感的营造可以说是暴力消解的最重要的模式。用形式上的抢眼让观众忽略对内容的关注，从而把暴力看成一场焰火的绚烂，转瞬即逝[2]。这样通过艺术加工的"暴力"，一方面宣泄了人们心中的不畅快；另一方面，扭曲的心魔也随着影片的结束而烟消云散。在现实与艺术之间，在真实与虚幻之中，即满足了正义战胜邪恶的美好愿望，同时又将普遍存在于人们内心、共有的负面情绪化解于无形，进而在某种程度上维护了社会的稳定。武术艺术化中的"暴力美"是对人的心理压抑的文明宣泄。有研究者指出，武术发展到今天，不再是一个板块的多元价值功能，至少应分为健身的、艺术的、格斗的三个武术板块，只

---

[1] 黄凯锋. 审美价值论[M]. 昆明：云南人民出版社，2005：136.
[2] 陈春娣，乔凤杰. 作为艺术的武术[J]. 体育科学，2007，27（6）：77-81.

有充分发挥各自的价值功能,才会适应当今的社会和市场需求[①]。武术的多价值功能和多元化发展毋庸置疑、不容辩驳,只是其根据时代的不同需要发展各有偏重。

二、当代武术发展出现了消费化的趋势

功夫舞台剧是特指以中国功夫为主要元素,在舞台等特定环境下现场表演的武术。演员们将武术技术与音乐、舞台背景等诸多元素融为一体,整合出比较理想的视听效果展现给观众。功夫舞台剧是经过艺术加工但又有别于影视创作的新兴事物,它是现场表演、即兴发挥的,既真实又虚幻,既有确定性(事先编排)又有不确定性。正是这种"有无相生"的道家思想成为它吸引人的一大亮点。粤剧《鸿胜馆》首演令观众津津有味、喝彩不断,儿童功夫剧《少林小子》受到媒体的持续关注和各界广泛好评,上海体育学院原创舞台《蔡龙云》在中国校园戏剧节中赢得好评。这些都说明武术的艺术化、消费化符合当下人们的审美心理,它既能满足人们的审美欲望,又能填充东西方审美文化的沟壑。人们看多了情感逗趣的悲喜剧目,也会去追求"真打实战"的身体艺术表达。

近些年来,武术表演节目成为春节联欢晚会上老百姓最喜爱的节目之一,观看时人们会沉浸其中,美妙的视听享受堪称余音绕梁,经久不息。这种感觉在 2008 年北京奥运会上可谓高潮再现。在 2008 年北京奥运会开幕式上,武术面向全世界、面向各民族揭开了它神秘的面纱,2008 人的太极拳表演让全世界叹为观止。少林塔沟武术学校的孩子们,以最符合人体健康的技击术,配上最具中国传统特色的民族乐曲,阐释了天人合一、共建和谐世界的美好愿望,如图4-1所示。通过轻灵舒展、富于变化的武术动作及和谐悠扬、行云流水般的音符韵律,其艺术效果达到了前所未有的崭新高度,让观众犹如徜徉在美妙的太虚幻境之中,成为一场震撼世界的视听盛宴。

任何事物的出现总有它的时代性,功夫舞台剧是在视觉文化背景下产生的一个时代强音。它将武术寓于舞台表演的载体之中,通过少林武功、太极拳术在全球的影响,先期制造了声势浩荡的舆论,正所谓"先声夺人而后取之",获得了极大的成功。相信随着时代的发展,会有越来越多的功夫舞台剧诞生,届时像太极、少林、南拳、咏春等有代表性的品牌拳种均会陆续被搬上舞台,走进全球亿万观众的视野。

---

① 邱丕相. 中国武术文化散论[M]. 上海:上海人民出版社,2007:228.

第四章 武术审美现代性批判与当代发展的关系

图 4-1　2008 年北京奥运会开幕式上的太极拳表演

三、当代武术发展出现了神秘化的趋势

"徐 L 约架"是对现行规则的挑战，是对现行体制的蔑视，但其现象背后是对传统武术神秘性的遮羞布的彻底撕碎。现代化的技术已经让武术的现代性有了科学主义和理性精神，传统武术走出象牙塔，以真面目展示在大众面前摒弃了自身被赋予的玄学色彩。武术神话有特定的时代意义和历史使命，自古英雄侠客梦，来无影去无踪的高超技艺是大众对于武侠梦的寄托，是对阶级压迫的抗争，是对打破现状的幻想，是对未来生活的乌托邦，是特定历史时代的产物。全球化语境下，具有神秘色彩的中国功夫既需要保留传统的文化底蕴和精神品格，突出东方身体文化的特色和魅力；同时也需要恰当地祛魅，将术道并重的内容进行合理的包装及现代阐释，让人们理解真实的武术是什么。像 CCTV-10 科教频道栏目《原来如此·阻止利箭》给北京体育大学武术"高手"做实验，看看他们的舞棍花、刀化等能否挡住古代弓箭的射击，实验结果尽皆失败，如图 4-2 所示。武术实用性审美经数字化时代的高科技手段"破译"（传统古装武侠影视剧中，英雄人物刀枪一挡，雕翎飞箭应声落地的场景具有不可复制性），传统武术"文化生态"不复存在，武术审美失去了此时此地性（如瓦舍勾栏中的打套子）和独一无二性（如师父的口传身授）。但必须清楚，上述这种追求的转变并非对原有功能的全盘否定，从系统论的角度看，它只是改变了武术原有功能的比例份额，将原来处于从属地

位或者次要地位的价值功能凸显出来,以及在原有此种功能的表现形式中添加了一些新质或产生一种新样式。

图 4-2　CCTV-10 科教频道栏目《原来如此·阻击利箭》

改革开放后,消费理念下武术神秘化的发展趋势明显,逐渐失去武术应有的价值理性和社会理性,武术的教化作用和武术的技术本真弱化,造成当代武术发展出现了不和谐因素,在解构崇高和怀疑乌托邦的后现代文化语境中走向了偏激,不利于武术的传承与传播。因此,在对审美现代性的负面效应的反思中需要走向新的共同体的重建,这也是当代武术美学要从过去以"本体真实"为中心转向"终极关怀",激活武术审美活动的价值之维和开展武术伦理重构的内在之因。

四、当代武术发展出现了同质化(异化)的趋势

20 世纪初的"土洋体育"之争,促进了武术向体育方向的转化。受西方竞技体育的影响,传统武术进行了标准化、规范化的改革,竞技武术应运而生。1959 年第一套《武术竞赛规则》问世,时任国家体委运动竞赛司司长的李梦华强调,武术动作要美,要具有美的特征,不美不会有好的印象,难度与质量是基础,同时美也不能被忽视。在这种精神的指引下,在随后的发展中,"高、难、美、新"成了竞技武术套路的主要特点。2004 年,为适应武术进奥运的时代要求和满足东西方不同文化的审美需求,修订的新规则规定了武术竞技套路(长拳、太极拳等)

演练必须配乐，这进一步突显了现代武术竞技崇尚单一美、标准美的特点。

　　黄金分割律在自然界万事万物包括人体中是一个普遍的客观存在，黄金分割律在武术套路创编中的应用是武术同质化发展的隐喻。刘同为和王昊宁[①]认为，黄金分割律与套路配乐结合可以彰显节奏的最佳张力效果；黄金分割律可以促进审美主体的情绪变化，真正提高武术套路演练的审美价值。在后现代，人们的审美价值观正在悄然变化，对武术套路节奏进行研究，一方面可以提高演练者演练技巧，满足广大观众的审美需求；另一方面反映出竞技武术在审美现代性阶段发生了异化。马克思从哲学角度阐述了异化的概念，即主体由于自身矛盾的发展而产生自己的对立面，产生客体，而这个客体又作为一种外在的、异己的力量而凌驾于主体之上，转过来束缚主体、压制主体[②]。马克思认为，"异化"是由主体自身产生又反过来敌视和支配主体的异化现象；武术异化表现在动作内容、评价方式和价值认知等诸多方面。例如，武术动作内容被标准化、样板化、体操化、舞蹈化；武术评价方式"高、难、美、新"化；武术价值认知由修身悟道、武以成人变成争强好胜、锦标主义。武术散打运动是传统武术现代转型的产物。然而，武术散打运动被异化为一种功利性极强的名利手段和赚钱工具，这才有了假打误判、暗箱操作等业内乱象。武术散打运动失范现象反映出奖励人格化、主体货币化，最终将导致武术散打运动员道德失范和价值迷失，终究摆脱不了被宰制和被束缚的命运。综上，武术现代性表现出过度模仿、文化迷茫、削足适履、特色丢失、主体意识不强等特征。

第三节　武术审美现代性批判与当代发展的辩证统一

　　武术发展是一个常谈常新的问题，也是一个亟待解决的问题。审美现代性批判视域下的当代武术发展问题是一个限定性的问题，更是一个针对性的问题。要对当代武术发展现状有清醒的认识，了解它的前世和今生，然后放在社会大背景下进行解析。只有回顾历史，才能面向未来。武术在发展过程中应经常回顾与审视、批判与修正，使自身沿着正确的轨道前行。

---

① 刘同为，王昊宁. "黄金分割律"在武术套路编排中的应用[J]. 中国体育科技，2009，45（4）：91-93.
② 泰·伊·奥伊则尔曼. 马克思的《经济学—哲学手稿》及其解释[M]. 刘丕坤，译. 北京：人民出版社，1981：126-127.

中国武术审美现代性批判与当代发展

批判与发展是"批判借鉴"与"继承创新"的关系。不可否认，审美现代性对武术发展起到了重要的推动作用，但是审美现代性除了给武术发展带来了希望和曙光，也给武术发展带来了痛楚和不甘，其两面性损害了武术的创新发展。我们应该保持理性反思与审慎批判的态度，辩证对待。

一、武术艺术化不应以牺牲人文价值为代价

"当代思想精英们凭借审美主义依然坚守着人性升华和精神进化的立场，反对各种形式的人类异化。'感性、愉快、当下'应该成为大众文化审美品格的底线而非全部。完全放弃对观念和思想的执著追求而只注重制造一种身体幻象的文化定位，也许最终会使大众文化在审美物化中彻底丧失其自省的可能性"[1]。中国社会进入现代性阶段，尤其是当下以视觉文化为主旋律的时代，应建构具有当代人文精神的武术审美文化，这是一个原则问题。武术艺术化拓宽了武术发展的路径，扩大了武术的受众群体，但是也弱化了武术的人文精神。例如，《决战紫禁之巅》等一些严重违背武术真实、胡编乱造的武术影视剧，以及为迎合受众出现的武术审美"三俗化"现象。现代性的武术艺术审美打破了武术传统审美的范畴、规则和尺度。传统武术以武悟道、以武育人、以武成人、以文化人的高层次追求，当代武术精英们应该坚守。在艺术化过程中要充分发挥其人文教育价值，将武术蕴含的传统文化资源创造性地转化为艺术化武术中的人文精神。艺术化武术被操作成武术的"艺术化"是对武术人文教育资源的浪费。武术艺术化过程中，武术内外兼修的人文教育价值逐渐弱化，武术的价值观念和判断标准被现代性异化，重体弱文、崇西贬中，致使中国武术人文教育价值逐渐发生转向与偏向。武术不仅具有击杀的实用功能，而且孕育了雄浑的美学因子，具有多元的审美价值。古代射礼的地位尊卑、尚武崇侠的精神人格、保家卫国的儒家教化、尊师重道的伦理向度、人文精神的熏陶滋养等方面，无不体现出中国武术审美的核心价值乃在于仁礼教化的人格修为。

众所周知，"艺术化"是武术的多种表现形式之一。然在前现代社会，受传统审美观的影响，武术艺术化及其表现形式一直备受"冷落"；而今，在彰显"感性美"的视觉文化时代，在审美现代性所呈现出的生活"泛艺术化"时代，武术的艺术化顺理成章地被推到"前台"并已遍地开花。但毋庸讳言，根系的营养是保

---

[1] 傅守祥. 大众文化的审美现代性批判[J]. 哲学研究，2007（7）：112-117.

障一棵树枝繁叶茂的基本保障，可以避免其枯萎凋谢；当下，各种形式的艺术化武术若不从自己的根脉中汲取养料，那也只能是昙花一现。因此，武术要加强自律，切忌为了艺术而艺术，盲目追求"新""奇"，一味迎合某些低级趣味，失掉自己的灵魂，使其审美浅表化。武术审美现代性也要有一种深层的精神诉求，在不失武术感性美的同时，注重凝练武术的内蕴美，充分发挥武术的人文价值，适度保持武术内外美的合理张力，打造出中国特色的武术艺术化路径使其傲立于世界民族体育之林。

二、武术消费理念不应失去应有的价值理性

缘于武术的现代性旨归，武术精英们坚持批判现代资本和技术文明对武术的全面控制，揭露大众文化、视觉文化产销中取悦、迎合与媚俗的丑陋嘴脸，抵制大众文化与视觉文化生产中潜藏的消费主义。提升大众价值判断能力是武术审美教化作用时代彰显的必然要求，也是克服武术审美现代性偏激表现的必要手段。只有高超的武技与高尚的武德相统一，才能形成武术表象世界和意义世界的完美结合。武术获得良性发展的前提是武术习练者具有独立人格和道德规约。然而，受西方文化的影响和商业资本的冲击，中国武术文化内涵和价值取向在现代性的进程中受到极大扭曲，出现了违规办赛、江湖约架等现象，以及竞技武术运动员道德底线滑坡等问题。现代社会，资本现代性的消费理念深入人心，武术在"文化搭台，经贸唱戏"的背景下，渐渐失去了应有的价值理性，沦为一些无道德底线的习武者的赚钱工具，严重破坏了武术在大众心目中的信仰和形象。于是，社会上旋即出现了"与金钱挂钩的传统武术变味儿了，与竞技结盟的传统武术变质了"的大声疾呼。

受到资本现代性的驱使，传统武术不断从商业角度寻求出路。近些年，各大媒体平台推出的武林大会、武林风、昆仑决等节目引起了极大争议，从屡被爆出的雇人打假（武僧 L 打假拳获得高额出场费[①]）、评判不公和恶意炒作（闫 F 在收徒仪式上的隔山打牛事件[②]；《人民日报》发表评论文章《马 BG 闹剧，该立刻收

[①] 佚名. 网红武僧 L：为赚取高额出场费，打假拳获取流量，一场收 200 万[EB/OL].（2020-07-20）[2024-04-13]. https://www.163.com/dy/article/HCO4NQVE0552ZF85.html.
[②] 佚名. 闫 F 忽悠太极推手被逐出山门 高手：视频太假了[EB/OL].（2012-10-12）[2024-06-11]. https://sports.sohu.com/20121012/n354715192.shtml.

场了》，并被众多政务微博评论转载，发文批驳马BG现象①，警示以武术炒作方式收割流量进行谋利的行为）等行为可以看出，传统武术的价值理性在消逝，消费理性在彰显。传统武术在审美现代性进程中出现了扭曲的价值观，追求商业利益成为主要的出发点，通过娱乐表演误导观众的理性认知，丑化传统武术的价值理性。班杜拉的社会学习理论认为，行为习得除亲身掌握经验外，还可以通过观察学习或模仿学习获得间接经验。如今，部分习武者在网上公开"约架"，以及造假、打假、虚假等武德失范事件，对部分缺少经验的习武者造成了负面的引导，影响习武者正确的习武、用武认知，亦对武术的正常社会秩序产生了一定的污名化影响。

三、武术现代化发展不应脱离本源和忽视主体

近现代以来，中国传统武术经历了武术体育化、体育现代化、现代西方化的不同发展阶段。在"以体变武""以武入奥""以西化中"的目标驱使下，武术的文化内涵逐渐流逝，武术的西化意味愈发浓厚，消极抵抗，甚至变相迎合，以致失去自我。在文化多元化、经济全球化的背景下，武术现代化发展只有回归传统本源和文化主体，在此基础上完成创造性转化和创新性发展才是武术发展的正途。

武术的现代化、体育化发展是一种国家行为。中华人民共和国成立后，武术划归体育部门，制定相应发展方针政策。中华人民共和国成立初期，"发展体育运动，增强人民体质"是武术向体育化方向发展的重要指导思想，中国的竞技武术正是当时的社会、文化等多重因素交互作用的产物②。中国武术在经历现代转型与革新的阵痛后，虽然取得一些可喜的成绩，但毋庸置疑的是，中国武术在审美现代性与现代性的对抗中出现了严重的后遗症，那就是竞技武术几乎西化而屡被诟病，传统武术"不传不统"常被非议，二者都成了连内行都看不懂的非"武"非"舞"，贻笑大方。由于脱离了传统的本源，忽视了文化的主体，如起源杜撰、神话假说，标准化、样板化等，中国武术已经异化为传统与现代互掺、东方与西方叠加的他物。这是武术审美现代性阶段的产物，不可不察。

---

① 曹宇. 马BG闹剧，该立刻收场了[EB/OL]. （2020-11-28）[2024-04-13]. https://news.cnr.cn/native/gd/20201128/t20201128_525345715.shtml.
② 孟涛, 崔亚辉. 新中国武术70年发展历程解读及当代思考[J]. 首都体育学院学报, 2019, 31（5）：391-397.

四、后现代主义武术不应一味追"新"逐"后"

后现代主义是一种文化思潮，起源于 20 世纪 60—70 年代的西方，是后工业社会、信息社会的产物。它是一种反现代主义的态度，其主要特征包括反正统性、不确定性、非连续性及多元性等。"中国文化在当代呈现出空前的混杂性、拼贴性，后现代主义文化只是其中之一。在一个唯新是从的商业化时代，新鲜时髦本身就是一种权力"[1]。站在后现代的维度和立场上，对审美现代性的问题给予重新的审理和描述，以发掘其中所蕴藏的后现代性的质疑批判精神[2]。在后现代语境下，中国武术的发展是"落花有意，流水无情"，入奥失败后不知何去何从，陷入迷茫尴尬之境。2000 年前后，为了入奥不惜削足适履，致使中国武术在与西方竞技体育文化交流中的话语权丧失、文化主体意识淡薄、精神内涵被阉割等。如今，想要回归传统，找到文化根基，探寻武术发展创新之路，就不应一味追求"新"刺激——抛弃传统，接轨时尚，"新"样式——改造传统、崇尚时髦；也不应完全追逐后现代的理念，美丑不辨，把审丑变为审美。中国武术无论是在前现代、现代还是后现代阶段，其人文价值和教化本质都不会变。后现代主义由于竭力缩短审美心理距离，一味趋同于即兴冲动、同步反映和本能共鸣，艺术审美已经缺失所本应负载的深厚的精神蕴藏，萎缩成花哨浅薄的时尚[3]。艺术化武术作为武术审美的前沿阵地，追"新"逐"后"现象明显，取悦大众，变相出卖自己的文化底蕴，失去了应有的人文教化作用，变成了彻头彻尾的赚钱工具。丹尼尔·贝尔[4]提出，有必要重新回到对神圣意义的发掘上来。武术审美具有仁礼教化的核心价值，要重新挖掘武术在艺术化过程中的价值和意义，打造文化与科技相融合的武术审美样式，如中国武术博物馆（上海）里面设计的针对武术的沉浸式体验等。

总之，对审美现代性的批判成为当代知识界的一股重要潮流[5]。李泽厚的《批判哲学的批判》即是否定之否定的辩证关系的体现。武术审美现代性原本是批判武术现代性的，但是在武术发展的过程中武术审美现代性又出现了一系列的偏激表现，因而需要进行再批判。

---

[1] 陶东风. 后现代主义在中国[J]. 战略与管理，1995（4）：90-95.
[2] 宋一苇. 审美现代性批判如何可能[J]. 辽东学院学报（社会科学版），2008，10（5）：93-98.
[3] 陈瑞红. 审美现代性：一种概念性探讨[J]. 南京农业大学学报（社会科学版），2005，5（3）：92-96.
[4] 丹尼尔·贝尔. 资本主义文化矛盾[M]. 赵一凡，蒲隆，任晓晋，译. 北京：三联书店，1989：61.
[5] 徐碧辉. 美学与中国的现代性启蒙——20 世纪中国的审美现代性问题[J]. 文艺研究，2004（2）：4-14，158.

第五章 审美现代性批判视域下的当代武术发展

【内容提要】 本章在武术审美现代性批判视域下探讨当代武术发展的问题，主要从宏观、中观、微观三层面解析当代武术发展的价值取向、逻辑理路和实践路径。首先，宏观层面要突破现代性与审美现代性的"文化围城"现象，树立一种正确的价值导向——面对武术艺术化、消费化、神秘化、同质化"的倾向，要抵制极端思潮，特别是无视文化传统的虚无主义和唯现代至尊的锦标主义，还要注意克服市场经济条件下产生的神秘主义、消费主义。其次，中观层面应遵循文化与科技相融合的逻辑理路，破解武术人文精神与现代科技不兼容的逻辑悖论，在"是与应是"之间守正创新。具体在建设体育强国与复兴优秀传统文化的时代背景下，一方面要保持武术的文化个性和独立品格，体现民族传统体育风骨；另一方面要利用科技和创意打造多样化武术，以满足不同受众的多元化需求。再次，微观层面应回归价值原点和逻辑起点，针对武术的"技击与艺术（艺术化）、消费与教化（消费化）、传统与现代（神秘化）、文化与物化（同质化）"等多维二元方面，善用文化与科技相融合的力量在其工具理性和价值理性之间寻求平衡点，使武术发展既保留本真，又能满足时人的审美需求。最后，通过四个视角的案例分析和解构当代武术发展中的若干重大理论问题，回应当下武术发展的困境，指明未来武术发展的方向。

当代武术发展不尽如人意乃是不争的事实。学者们关于当代武术的发展可谓见仁见智。本研究立足反思和批判的视角，从审美现代性批判的视域出发探讨当代武术发展，从宏观层面、中观层面和微观层面针对当代武术发展的价值取向、逻辑理路和实践路径予以纾困或修正，并选取四个有代表性的视角进行具体解析与策略回应。

第五章 审美现代性批判视域下的当代武术发展

第一节 宏观层面：审美现代性批判视域下当代武术发展的价值取向

事物发展决策需要有基本的预设、评价和判断。价值取向是事物发展决策的前提，它作为一种社会文化倾向，特指某种价值观成为一定文化所选择的优势观念形态，或为个体所认同并内化为人格结构中的核心部分，具有评价事物、唤起态度、指引和调节行为的定向功能。当代武术发展的价值取向是指习武者基于自己的价值观在面对或处理各种矛盾、冲突、关系时所持的基本价值立场。价值取向具有实践品格，它的突出作用是决定、支配主体的价值选择，因而对主体自身、主体间关系、其他主体均有重大的影响。价值取向的合理化有利于使当代武术发展做出正确的决策。

一、突破"文化围城"现象

"文化围城"概念是华中科技大学欧阳康教授根据钱钟书先生的"围城"理论提出来的。他给"围城"加上一个"文化"定语，形成了"文化围城"的新概念[①]。"文化围城"表面是一种格格不入的状态，"城里城外"相互攻击和对抗；暗指中西方文化之间普遍存在文化壁垒，在交流与碰撞时容易引起一些误解和冲突。本研究借用"文化围城"现象，不仅指中西方文化之间，还喻指传统与现代、现代性与审美现代性的相互对抗和否定之意。

（一）各有利弊，执两用中

武术现代性在科学和理性方面为武术发展修正了神秘、模糊和感性的评价体系，武术审美现代性在复魅和感性方面为武术发展提供了个性化、多样化、艺术化的前景。但是武术现代性和审美现代性各有不利于武术发展的因素，我们应该理性看待二者的不利因素并适时给予批判，使当代武术在相对和谐理念的引领下发展。现代社会，武术传统的生态环境遭到破坏，那种"既得艺，必试敌""练拳不知体中用，枉费功夫终无成""不离日用常行内，直造先天未画前"的实战经验

---

① 欧阳康．"文化围城"及其超越[J]．江苏行政学院学报，2003（1）：23-27．

中国武术审美现代性批判与当代发展

缺失，现在大多数套路武术运动员都是想象的技击而没有经过试用（只是望梅却不能止渴）及实战印证，缺少反复纠偏的螺旋式上升的过程，且多从西方的审美视角出发，如要求更快、更高、更强等。武术渐渐地从追求内在美到追求形象美，从实战技击转向艺术化审美，审美趣味由内到外，审美方式由慢中体味到快速浏览（千篇一律、乏味单调）。当代武术既要创新发展，也要继承与保持民族风格和文化内涵。因此，对武术现代性的全面理解和深刻反省将有助于武术文化空间的拓展，对武术审美现代性的批判和价值取向的调整将有助于武术对自身短板的认知。

武术在传统与现代、东方与西方、科技与文化、工具理性与价值理性等之间保持动态平衡是关键，正如"工具理性是人类社会发展的必然趋势，是促进经济发展、推动人类进步、改善人类生活的唯一途径，简单地以价值理性驱逐工具理性，无异于因噎废食，甚至带有了反历史进步的倾向"[①]。简言之，单纯地弘扬工具理性和反对价值理性，以及弘扬价值理性和反对工具理性，对于当代武术发展都是偏激而不可取的。当代武术可以借助工具理性扩大武术传播范围，激发大众对武术的兴趣，增加受众群体；通过价值理性深化习武者对武术的认识，品味技艺"神""微""精"的玄妙之处，体悟隐匿于武术最深层次的神韵意境与教化之功。

（二）突破观念，走出围城

传统武术中有糟粕，西方竞技体育中同样有糟粕，现在出现的极端化倾向或者极"左"的思潮，对传统武术造成了很大的影响。破一事易、立一事难，中国武术能有今天的文化格局乃是千百年来历代先哲对武术的孜孜以求，他们将武术视为一种生命哲学进行体悟、领会、钻研和打磨，终生不二。如今，在世界文化激荡，欲以同化、西化而后快的文化掠夺时代，武术想屹立于文化激荡之中而不败，必须树立文化自信。

文化自信应该在文化自觉基础上建立，如果没有很好的文化自觉，那只能是盲目的文化自信，就像1840年前中国由于封闭性而滋生的自信或自大；如果有了文化自觉，就不会对自己五千年连绵不断的传统文化产生浓浓的自卑心理。文化自觉是既能看到自己的长处，亦能看到自己的短处，从而能够更好地规划未来发展道路。现实中，人们也承认武术是一种文化，但是具体到实践操作中，又将武术作为一种纯粹的体育进行看待和规约，这样就形成了一种二律背反，使武术始

---

① 张旭东. 从呼唤"现代化"到反思"现代性"——论文化保守主义语境下的"乡土中国"形象书写[J]. 西安电子科技大学学报（社会科学版），2011, 21 (4): 59-63.

第五章 审美现代性批判视域下的当代武术发展

终找不到自己的合适位置,更发挥不出自身的独特价值。中华武术是人类文明进程中的重要成果,以其独特的身体运动形式承载着丰富的文化符号,是中国传统文化的重要载体和形象表达。从最初的原始武术发展到今天的体育武术、文化武术,它已不仅仅是人们猎食保命、防身健体的物性需要,而是人们心灵家园、价值取向的精神寄托。鉴于此,一方面应深度提炼武术的生态思想,凝聚武术的内在精华,发挥武术的人文教化作用,通过武术的内在美荡涤人们的灵魂,加强生命自我关照,提高人们生活质量,共创生态和谐的精神家园;另一方面应适当顾及大众(包括西方受众)的审美心理,借鉴国际通用的艺术语言,通过视觉文化的包装打造,将武术传统的文化内涵用当下人们喜闻乐见的方式表达出来。只有这样,才能突破观念,走出围城,不囿于一时一地,真正将武术之"大美"传播到世界各个角落,成为全球的共享。

二、抵制极端主义思潮

极端主义是指为了达到某些目的而采取不计后果的极端手段,或指片面地看待事物或偏激地解决问题的行为。极端主义并不是解决当下武术发展问题的最合适方法或方式,甚至会适得其反,使武术出现更多的新问题。因此,当代武术要想获得长久健康的发展,必须抵制极端主义思潮。

(一)适可而止,过犹不及

"唯美主义是现代性意识的最初形态之一。唯美主义是一种形式主义,形式主义在现代主义美学中是服务于审美现代性的。为艺术而艺术是审美现代性反叛庸人现代性的第一个产物"[①]。但是武术在审美现代性过程中产生的"为艺术而艺术"的唯美主义倾向还是形式大于内容,削弱了武术的文化内涵和精神教化作用,应该引起注意和重视。艺术化武术在一定程度上丰富了人们的业余生活,使人们在茶余饭后有了放松的方式和娱乐的体验,这一点是毋庸置疑的。但是凡事"过犹不及",一旦艺术化武术失去武术的本质,就会适得其反,走向反面,近期出现的武术污名化现象就是一显例。

另外,现代性的科技理性使武术有了现代意义上的发展基础,但是高科技手段无节制、无底线地滥用,使武术更加神秘化、虚幻化,导致武术文化被肢解、

---

① 周宪. 审美现代性与日常生活批判[J]. 哲学研究,2000(11):63-70,80.

武术传统被误读。"科技理性只有在价值理性的统摄下才能具有无害于人类的保障，而价值理性只有在科技理性的支撑下才能避免因愚昧带来的不幸。两种理性各具魅力，并且在本质上具有一致性，共同构成了人类认识与改造世界的理性能力"[1]。对于当代武术发展而言，同样需要现代性的理性和审美现代性的感性双重加持；需要现代性的祛魅和审美现代性的复魅合理把控。因此，批判是重要的一环，既不站在现代性的立场摇旗呐喊，也不站在审美现代性的立场阿谀奉承；应该顾及整个时代和社会的审美风尚及审美趣味，调节和沟通武术审美文化的生产与消费，使它们处于一种动态的平衡之中。

（二）端正态度，认清形势

武术审美现代性逐渐形成了自己独特的情感结构和表达逻辑，即一种带有"对抗"与"回归"两个内核驱动的动态双螺旋结构；当代武术发展需要一种立足于现实语境的批判理论，即本土化与国际化、大众文化与精英文化（之间）；从马克思主义辩证法角度切入武术审美现代性，有助于传统武术的现代转型和当代复兴，并在其工具理性和价值理性之间寻求辩证的动态平衡。

武术拥有自己独立的舞台至关重要，拥有属于自己独特的思维方式和价值取向的媒介言说方式与话语表达权利更是必不可少。因此，武术现代性和审美现代性发展阶段需要新媒体或融媒体的推波助澜，充分发挥出媒体的力量和价值。21 世纪以来，随着一些武术类品牌节目的出现，如《武林风》（河南卫视）、《武林大会》（CCTV-5 体育频道）、《英雄榜》（内蒙古卫视）、《龙虎堂》（黑龙江卫视）等，武术重回大众视野。主流媒体和官方媒体对武术的关注唤起了大众对武术的认知和热情。在利用媒体打造武术、宣传武术的同时，也要提高警惕，认识到媒体的两面性。"水能载舟，亦能覆舟"，有些非主流媒体和自媒体为了个人私利虚构、炒作武术，过分浮夸武术，无限艺术化武术，造成了大众的错误认知，误读了武术的文化价值和教化作用，成了武术污名化的催化剂。现代媒介，尤其是视觉文化已经使世界变成了一个"互联网""地球村"，随时随地都能真正地感受到武术传播的"蝴蝶效应"。视觉文化浅显表意的展现方式虽使得武术受众群体尤其是异域观众越来越多，但是近年来随着武术国际化、时尚化的同时，一个问题也凸现出来——对视觉享受和技术效果的一味追求往往掩盖和忽略了对于武术文化

---

[1] 牛绍娜. 推动科技理性与价值理性的平衡[N]. 中国社会科学报，2020-09-08（4）.

第五章 审美现代性批判视域下的当代武术发展

内涵的诠释和理解。长此以往，这种传播模式将导致受众对武术传统文化内质的片面化认识，将其仅仅看作是一种刺激、好玩、能满足视觉欲望的技艺。现今，这种过分追求时尚化与感性化的情形日益加重，武术开始出现了为艺术而艺术的趋势。我们要端正态度，认清形势，艺术化的武术千万不能丧失自己的灵魂，如果太注重外显和感性及时尚化的东西，将失去武术美的内在本原及强大的教化作用。

三、反对虚无主义和锦标主义倾向

德国唯心主义哲学家、唯意志论者尼采（非理性主义者）等人把对历史传统和道德原则的否定叫作"虚无主义"。现今"虚无主义"通常是指盲目否定人类文化遗产、否定民族文化，甚至否定一切的态度或思想倾向。否定本民族文化，主张"全盘西化"的文化虚无主义，其本质是缺乏文化自信的表现。锦标主义是指在比赛或竞赛中以显示自己、夺取锦标为唯一目的，而不顾及其他的一种不良作风，其本质是个人英雄主义的表现。当代武术发展要坚决反对以上两种价值取向。

（一）不能无视文化传统

自古以来，武术一直随着人们审美观的变化不断调整自己的发展方向。今天，我们一方面要批判武术审美的盲目性，另一方面要引导武术向更远更宽的路径发展。我国受到举国体制及奥运争光计划的影响，忽视了武术等非奥运项目的文化价值和民族精神的涵化作用，将其边缘化。据有关研究显示，媒体持续关注武术比赛的总时长很短、奖牌的归属，并没有将其作为一种基本健身技能或者民族文化知识进行全民普及。其实，这是一种民族虚无主义的表现，也是无视文化传统的表现。文化传统是经过许多世代的发展，对各种适当与不适当的行为所产生的行为与观念。对于生活在某个特定社会的人（或阶层或群体）来说，一种文化使他们在行为与思想上产生了某种程度的一致性。抛弃文化传统无异于自断命脉，自毁其根。自"土洋体育"之争后，武术一直处于被改造的过程中，缺乏文化主体性。新时代，武术发展不能靠国家政策的勉强维持，也不能靠特殊群体的友情支持，而要靠自己的努力、创新，使其能够满足社会大众的真正需求。当代武术审美呈现出感官化、娱乐化、消费化等新特征，是武术艺术化、商业化发展趋势使然，也是审美与生活同一化的体现。文化创意改变生活，科技创新赢得未来。新常态语境下，武术发展应以文化传统为主，以时尚元素为辅，适当考虑西方审美喜好，吸收借鉴西方艺术手法，打造以心灵愉悦、精神升华为旨归的东方审美样式。切不可急功近利，更不可信奉虚无主义，避免武术成为传统与现代、东方与西方的"夹生饭"。

文化形象与个性品格是武术之所以为武术的重要特征，是构建武术话语体系、塑造武术文化品牌的关键所在。如果我们再不注意武术的文化形象与个性品格，一味地跟着西方竞技体育走，跆拳道、柔道就会将中国的武术彻底挤垮；如果我们再不注意武术的文化形象与个性品格，武术在对外传播中就没有值得一提的东西，精神、思想将是别人的牙慧。武术文化要主张"体育精神"生态，不能动辄模仿西方、跟随西方，武术中的文化传统可与西方体育文化一道构成新世纪体育发展的和而不同的生态格局。当下要做的是，对武术文化传统进行解构、整合，并与时俱进地彰显独特的文化形象与精神品格，避免导致文化的虚无主义。

（二）不能唯现代至尊

武术自古被认为博大精深，富含文化底蕴，那是因为武术一直倡导走高雅、圣神路线，注重审美教化、遵循传统、追求精神享受。在任何时期，视觉经验都在人类活动中占据重要位置，最直接的感官刺激培育着文化亲近感（文化认同感）。随着现代化的推进，视觉文化逐渐大行其道，视觉经验对人们的情感选择、理性判断与价值取向的影响更加深刻。当代武术的审美文化却表现出一定程度的娱乐化、消费化、浅表化、低俗化，造成了武术在世人心目中的文质不符，虽是受到当下大众文化思潮的钳制，但势必影响武术的国际化传播乃至武术的长远发展。武术当代审美文化具有双重性，应该适当加以批判和修正，并使其和武术传统审美文化形成优势互补，即武术在图像文化与景观社会、工具理性与价值理性、理性的"逻各斯"与感性的"道"之间寻求平衡并重。

当下，大众文化对武术审美不断提出新的要求，并刺激其产生新的审美样式，但是武术审美文化也不应一味消极取悦大众、迎合市场，应该通过文化创意打造新产品来提高大众审美趣味，并引领大众学会欣赏武术的美。视觉文化时代，武术美学精神不能随波逐流向市场或娱乐产业屈从，而应该高扬武术的人文精神，提升武术的主体地位，并以理论建构和批评实践加以完成，在知识建构和批评实践中形成自己的审美兴趣和评判标准。

鉴于此，当代武术发展要树立正确的义利观、价值观和发展观，旨为国家意志服务、为社会发展服务、为大众需求服务。武术纯粹的锦标主义是泯灭人性的，

第五章 审美现代性批判视域下的当代武术发展

是对自由思想的禁锢,是拿武术人当机器的做法。理性对待武术入奥问题,将有助于武术的长远发展及对传统的回归。如果以现代竞技武术为尊,一味地追求锦标、奖金、奖牌等物质利益,就会使武术发展陷入物欲泥潭而无法自拔。

四、克服神秘主义和消费主义动机

改革开放后,我国一切以经济发展为主。受此影响,武术界也出现为博取眼球、赚取流量的假大师、伪武术现象。武术的神秘化、消费化发展趋势明显,丢失了应有的价值理性和人文理性,武术的教化作用和武术的本真意旨逐渐弱化或者隐去,导致当代武术发展出现了一系列不和谐的声音。

(一)要神秘,不要神秘主义

武术在"西学东渐"的影响下,开始向现代化、体育化、科学化迈进。改革开放以后,武术现代化意味越来越浓,武馆武校、竞赛规模及民间武术等不断壮大。随着民间武术的开放,社会上的怪力乱神相继出笼,封建迷信沉渣泛起,也有为牟取私利不择手段的,对此类糟粕必须有足够的警惕[①]。虽然武术的传统文化特色,如内外合一、形神兼备、意象意境等,很难绝对量化,需要保留一点模糊性和神秘性,但是要警惕别有用心之人刻意制造的神秘主义(神秘主义主要体现为过分夸大武术事实,严重违背大众认知)过度诠释武术。

例如,闫F曾经一度被人们尊称为太极大师,尤其是她在网络上表演的隔空打人功夫,仅仅用掌风就能把人打出数米远。"闫F事件"使得传统武术的神秘化与科学化、大众化与低俗化之争再次被推到风口浪尖。闫F及其弟子们利用所谓的表演手段使武术更加虚幻化、神秘化,甚至出现神秘主义。"闫F太极推手事件"透露出传统武术的无奈,也反映出大众的无知,更逼促人们对当代武术发展的理性反思——神秘主义要不得。谁都没见过侠客,但功夫依然在传说,当代社会出现主流价值迷失和核心价值弱化[②]现象,急需武术核心价值观的上位。良莠不齐的大众武术文化难免世俗化、庸俗化乃至低俗化。武术仁礼教化的核心价值取向、真善美的追求,以及当代大众的审美素养是武术沿着正确轨道发展的有力保障。与此同时,保留武术适当的神秘,能使学习者形成"仰之弥高,钻之弥坚"的感觉,激发学习者的兴趣。"拳打千遍,其意自现",武术属于体悟文化的一部

---

① 邱丕相,王震. 中国武术的回眸与展望[J]. 体育学研究,2018,1(3):55-60.
② 欧阳康. 中国价值观与中华民族伟大复兴[N]. 光明日报,2013-01-19(11).

分。教师或教练员引导学生在不断钻研、习练中逐渐捅破那层"窗户纸",体悟其带给学生精神上的满足感、成就感和获得感亦是职责所在。

(二)要消费,不要消费主义

改革开放以来,我国市场经济异常活跃,武术亦在资本现代性的影响下出现娱乐化、消费化趋势。有研究者了解到,武术本身带有艺术、审美属性,在资本的刺激下、在高科技的包装打造下,武术的舞台表演、影视表演都成为武术消费的主力军。舞台武术表演在美国、澳大利亚等地传播的现状较好[①]。例如,《少林武魂》在美国纽约百老汇演出好评如潮,被美国多家媒体称为"震撼的表演";《风中少林》在澳大利亚演出亦是场场爆满,如图5-1所示。

图5-1 《风中少林》相关人员合照

随着中国社会进入3.0时代,互联网式思维更加促进了消费时代的悄然降临。我们可以开发武术自身的娱乐属性,利用舞美、灯光、服饰及故事情节,充分展现舞台武术表演的独特艺术,使其成为具有观赏力和吸引力的舞台剧;深入挖掘武术文化元素,通过武术剧的形式提高其娱乐属性,从而吸引更多国内外友人的参与,逐步提升武术的消费潜力。但是,武术在消费化的过程中,不能只顾经济效益,不考虑社会效益;不能只顾眼前利益,不考虑长远利益(审美消费主义主要体现为物质化、商品化)。例如,通过"武术搭台,经贸唱戏"的"三俗化"方式,消遣武术、炒作武术,致使武术本身具有的文化内涵和精神价值被放逐,呈现在大众面前的是肤浅的武术、有着铜臭味的武术,既模糊了大众的视线,也误导了大众的认知。刘小枫[②]指出,审美现代性以感性为本体论归依。武术审美现代

---

① 孟涛. 舞台武术表演对中华武术在美国传播的影响[J]. 首都体育学院学报,2014,26(4):311-314.
② 刘小枫. 现代性社会理论绪论[M]. 上海:上海三联书店,1998:307.

第五章 审美现代性批判视域下的当代武术发展

性虽然追求感性、反对工具理性和技术理性，但"三俗化"武术弱化了武术的文化内核与人文精神，把武术变成一种纯粹的消费性物质，过分追求商业价值而导致武术文化内涵流失，出现武术单纯的消费主义倾向是必须鄙夷的。

所谓"知不足，然后能自反也；知困，然后能自强也"。只有知道问题所在，才能找准出路。价值取向是武术发展的宏观导向，左右着武术发展的灵魂命脉。武术审美文化消费造成了对武术的误读，审美由内而外发生了身体转向，对形式过于包装，出现武术审美"三俗化"倾向。武术审美文化消费不同于一般的物质消费。武术审美文化消费应有一种高远的精神价值取向——陶冶情操、完善人格。它既不能以低俗的趣味为导向，也不能以一时的享乐为旨归。武术审美文化消费切勿走向感官享乐盛行的审美消费主义，肆意扭曲、任意肢解，破坏了武术原本和谐的文化生态。

第二节　中观层面：审美现代性批判视域下当代武术发展的逻辑理路

逻辑理路是指基于逻辑思维的推理和分析，通过思考和推导来得出基本的结论。逻辑理路倾向于抽象概念和理论领域，是介于宏观层面和微观层面之间，从中观层面建立起的思想主旨。审美现代性批判视域下，当代武术发展应遵循以下三个方面的逻辑理路。

一、保持武术的文化个性和独立品格，体现民族传统体育风骨

新时代是在新的历史条件下，承前启后、继往开来的时代，是建设社会主义文化强国、体育强国的时代，是实现中华民族伟大复兴的时代。新时代，武术发展被赋予新的使命，要体现大武术观的恢宏气魄，坚持文化主体性的原则披荆斩棘，阔步前行。

（一）赋予新时代的使命

在"我国社会主要矛盾已经转化为人民日益增长的美好生活需要和不平衡不充分的发展之间的矛盾"的新时代背景下，武术如何发展是一个解决当下社会供需矛盾的问题。近年来，广大学者已经开始围绕服务国家意志、适应社会发展、

中国武术审美现代性批判与当代发展

满足大众需求等时代使命,进行了大量的武术发展的反思性研究。在总结过去成就、把脉现存问题、畅想未来趋势的过程中,探讨了多个学科领域学者共同关心的重大理论问题——新时代武术的使命。基于此,从审美现代性的视角,运用批判与重建的理论,尝试性对承担复兴中华优秀文化使命、建设体育强国任务的当代武术发展进行研究,希冀回答时代"再批判而后再出发"之问。

从现象学层面看武术,当今社会有这样一种现象:言武者而不练武,练武者而不研武;研武者而不懂武,懂武者而不知武。这些现象虽非多数,但已然存在。新时代,只有知行合一、真知实干,武术发展才能阔步前行。武学大家王芗斋[①]在谈到武术的功能与使命时认为:"拳道之大,实为民族精神之需要,学术之国本,人生哲学之基础,社会教育之命脉。其使命要在修正人心,抒发感情,改造生理,发挥良能,使学者神明体健;利国利群,固不专重技击一端也。若能完成其使命,则可谓之拳,否则是异端耳。"武术具有多种功能和使命,武术与技击非同一,武术是一个文化丛,技击仅是一个功能。只有将武术的功能与使命完整发挥出来,才算是真正的武术、真正的拳道。

在以视觉文化为背景的新时代语境下,武术审美的天平开始倾斜,过度的视觉化、娱乐化、快感化,从理性到感性中心主义,从理想的乌托邦到纯粹的世俗化,从美人之美到美女之美,完全颠覆以往的传统,不利于武术的健康发展,更不利于武术的生态稳定;应该借鉴西方审美现代性,寻求中间的平衡点,积极调整心态,走出传统的虚无主义和文化的自卑主义。具体到实践中,武术应克服作为"体育"和"文化"、"传统"和"时尚"、"技击"和"艺术"等多维二元关系的二律背反,找到适合自己的位置,发挥出独特价值。例如,要深刻理解武术发展不能脱离"身体修为"的本体范畴,武术创新不能脱离技击之道的实体框架;武术发展要注意"脱敏"问题,少谈文化、多谈技击,文化寓于技击之中,脱离了技击,武术文化将失去承载之体。

(二)彰显文化的主体性

审美现代性批判视域下武术发展是多向度的,既要满足广大人民群众美好生活的需要,还要促进经济与社会发展,促进人的身心健康。但是武术的多向度发展影响武术的主要功能体现,"求大求全"而"不美"。传统武术具有强身健体、

---

① 王芗斋. 意无止境[M]. 海口:海南出版社,2014:41.

第五章 审美现代性批判视域下的当代武术发展

修身养性、体育竞技、娱乐表演等多价值功能，与西方体育捆绑对标，显然失去了传统武术的角色优势和功能优势，未能体现大众对传统武术的价值预估和审美期待。传统武术的家国情怀被时代选择性遗忘，在西方竞技体育有色眼镜下只保留了徒有其表的技击动作。

审美现代性视域下，近现代中国武术的发展实质上是在西方体育现代化视角下的自我革新，是对西方体育现代化的模仿；西方体育现代化的发展范式、指导思想、伦理约束成了中国武术革新的正当性理由。但随着时间的推移，中国武术本身的主体性逐渐淡化，这将不利于中国武术发展的方向性选择。

审美现代性发展阶段，武术被庸俗文化所肤浅化、被异域文化所同质化。当下，武术发展的基本逻辑是回归"文化主体"和"主体文化"。武术是一种文化，是一种独立的文化，在千百年的发展历程中，武术形成了独具特色的理论体系与技术体系——以静制动、舍己从人的辩证思维，冬练三九夏练三伏、经年日久体悟不止的训练方式，得饶人处且饶人、先礼后兵的德行教化，套路程式、虚拟模仿的艺术魅力，等等。《拳谚》有云："颜、柳、欧、褚，笔法不同，同归于字；少林、武当，手法不同，同归于拳。"技艺虽不同，殊途而同归。正所谓"坐而论道不如起而行之"，审美现代性批判视域下需要重建中华武学文化大系。

作为中华优秀传统文化代表之一的武术，蕴涵着自强不息的民族精神，在当代武术发展中是不可忽视的精神食粮，是中国大国崛起不可缺失的重要力量。近现代以来，武术在器物方面效仿了西方的现代化，而在精神方面却忽视了民族精神的现代性改造。近代以来，将中国社会喻为"一盘散沙"反映了时人对于国民精神病态的焦虑[1]。《国技救国》中指出："造成中国近百年来受异族压迫愈甚，几次为俯首帖耳的顺民，因之民族精神逐渐消沉，致外邻讥我东亚病夫。"鉴于此，审美现代性批判视域下的当代武术发展要首重精神文化观，再重传统身心观，"病夫"意象和"一盘散沙"意象激励着"天下兴亡，匹夫有责"的武术对民族国家建设的担当。

社会发展的脚步不会停留，历史前行的车轮不会倒转。美国著名社会学家贝尔[2]在其著作《后工业社会的来临——对社会预测的一项探索》中认为，当代社会形成了一种新的"美学"。这种新的美学就是感性审美。武术在视觉文化影响下，

---

[1] 杨雄威."一盘散沙"病象与现代中国的政治逻辑[J]. 史林，2020（1）：139-152，221.
[2] 丹尼尔·贝尔. 后工业社会的来临——对社会预测的一项探索[M]. 高铦，王宏周，魏章玲，译. 上海：商务印书馆，1984：211-213.

也出现了感性审美的现象。当代武术发展应该建立一种理论共识——要让人们接受它，首先要让人们感受它。随着经济的精神化，起决定作用的已不再是物质生产，而是如何借助物质载体更好地满足人们的精神需求[①]。新创建的武术套路王中王争霸赛摆脱了原有平淡而沉寂的赛场，在配有声、光、影等现代设备的高、宽、美的舞台上表演，增添了武术套路演练的恢宏气势，如图 5-2 所示。比赛中主持人通过对赛场、赛事的即时点评打破了传统套路比赛"主客二分"与观众缺少互动的寡然无味的观赛模式。允许所有参赛项目配乐的规定又无形中加强了音乐在套路演练中的渲染作用。总之，王中王争霸赛成了吸引人们欣赏竞技武术的一种新形式。当然，在运用舞台、音乐、灯光等现代化手段的同时，还应在如何才能与传统武术人文价值内涵相一致上下功夫，进而提高中华武术在全球的文化影响力，树立一个属于自己的文化品牌形象。

图 5-2　中国武术套路王中王争霸赛南拳展示

（三）展示大武术观作为

功夫舞台剧属于一种武术审美的新样式，它以满足全球不同地域异质文化观众的审美需求为宗旨，形成了较好的武术产业链。功夫舞台剧是运用现代的科技手段，通过多部门的协同作业，立足于现实题材演绎的绚丽多姿的舞台武术艺术；一部鲜活的功夫舞台剧就是一场视听盛宴、一次精神洗礼、一次文化徜徉；视觉触动着心灵，情感作用于思绪，为中西方观众打开了精神之窗，点亮

---

① 李向民. 精神经济[M]. 北京：新华出版社，1999：224.

了寻求文化营养的心烛；在情境中传递武术奥义，使世人真正地品味到东方文化的艺术魅力。

国际武术联合会秘书长王筱麟指出，近年来中国武术作为一种超越意识形态的传统文化，世界影响力越来越大，成为我国增强软实力的重要手段[①]。21世纪以来，为了适应时代发展的新要求，为了增强武术的文化软实力，武术界和艺术界联合，借鉴国外先进的创作理念，包装打造本土的武术文化，再次涌现出一批优秀的功夫舞台剧（如被称为史上最有深度的力作——《风中菩提》，如图5-3所示），满足了国外异域观众的审美需求。

图5-3 《风中菩提》剧照及表演

总之，功夫舞台剧是历史与现实、经典与时尚、武术与艺术的完美结合。它的诞生使得中华武术千年文化遗产寻找到了另一种符号形式进行表达。从功夫舞台剧的观众上座率可知这种典型的审美形态符合当代世人的精神所需；同时，它的"横空出世"也无形中提高了中国武术的国际认知度，打造了中国武术的文化高地，树立了中国武术的文化品牌。

长期以来，由于中国古代"圣贤"们特殊的思维方式和那种"只可意会不可言传"的表达方式，一些武侠经典之作束之高阁或未被人们广泛接受。如今，要想使幽深隽永的经典之作重新回到大众视野，让人们普遍接受与领悟，需要借助一种特殊的阐释方式，审美的视觉化、影像化方式为人们提供了一条切实可行的途径。例如，小说《水浒传》《三国演义》等拍摄成电影、电视剧后更容易被当代青少年广泛熟知并接受，如图5-4所示。

---

① 王兵，苏海涛，孔祥福. 武术是中国重要的软实力——国际武联秘书长王筱麟一席谈[N]. 湖北日报，2010-10-17（3）.

图5-4 《水浒传》及《三国演义》剧照

  侠义精神是指一种不畏强暴,报答知遇之恩,为知己者死的英雄气概。侠义精神在中国早已积淀为一种"集体无意识",人们对其顶礼膜拜。中华民族自古就有尚武崇侠的优良传统,武侠的豪迈精神一直深深地影响着中华民族的内在气质和审美情感。人们习惯歌颂那些把武技、义气和智慧巧妙结合起来的剑客侠士,如荆轲、吕四娘等。正是这种欣赏趣味和心理感受,铸就了华夏子孙豪迈仗义、锄强扶弱、尚武内向、轻财重义的集体审美风尚,形成了蔚为壮观的尚武崇侠的精神文化。自古以来,身怀绝技的武侠极为符合民众的英雄崇拜心理,豪侠们舍生取义的气节已成为千百年来鼓舞着无数爱国仁人志士的一种精神力量。同时,侠义精神亦构成了后世对侠之品格的全面把握。例如,《水浒传》的主题就是一个"义"字,重义是梁山豪侠们共同的特征,他们高举义旗,替天行道;其行为虽有时略显强暴,但不失为豪放,细细品来却也洋溢着一种敢作敢为、光明磊落的"阳刚之美",让人神情激荡,心驰神往。再如,《三国演义》中的刘备、关羽、张飞为了桃园三结义之盟约,不求同生但愿同死,抛高官厚禄于眼前,弃社稷江山于脑后,就是为了一个"义"字,他们的义举备受后人称颂。周伟良[①]认为,"'侠'在中国历史上有着深厚的底蕴,已成为中国古代文化中一种理想人格模式"。诚然,古往今来,人们皆以侠士的英雄壮举为楷模,皆以重义轻利的原则为支柱。讲义气、重义气,不背信弃义被认为是无比高尚的。儒家文化当中的见利思义、义以为上(《论语》)的重义轻利观也为人们的行为树立了道德规范的标杆。人们信奉的是"见义不为,无勇也"。当人们胸怀坦荡、心存道义的时候,自然就会"无欲则刚",就会由内而外地散发出一种力量。这种刚毅正直的人格力量对后人是

---

① 周伟良. 中国武术史[M]. 北京:高等教育出版社,2003:40.

第五章 审美现代性批判视域下的当代武术发展

一种教化,更是一种人格上的净化。

影视作品等演绎性武术是大武术观视域下武术的一个衍生分支,它是在经济、文化全球化背景下,依靠高科技等手段、融入中西美学的理念、结合时尚的形式包装,反映民族传统文化情结的一种当代不容忽视的武术审美文化样式。但是近年来,随着视觉文化的到来,武术影视也迎来了"科技艺术新视域"的挑战。只有综合利用多种元素,如资金与创意、技术与艺术、文化与科技,并使其发挥最佳效能,才能不断制造武术的视觉盛宴、文化大餐以满足当下人们精神上的审美需求。

二、利用科技和创意打造多样化武术,满足不同受众的多元化需求

武术多样化的表现形式被赋予多元化的价值功能,当代的科技滥用给武术发展造成了一定的负面影响。武术不仅追求"术"的美,更追求"道"的善,借用高科技手段巧妙融入文化创意,打造美善统一、术道并重的武术表现形式满足受众需求才是王道。

(一)科技手段要正确使用

21世纪以来,科学技术空前发展,技术媒介成为全面控制社会的无形力量。社会转型期,资本现代性运作的市场机制,商业利益的炒作,武术审美现代性出现感性化、大众化、商业化、娱乐化的趋势,审美体验发生嬗变,教化作用正在消解,并落入一张无形的虚幻之网、利益之网。伴随着高科技手段、虚拟特效等的加工和粉饰,各种怪力乱神、无中生有的武术动作横空出世,虽说艺术化武术可以高于生活,但是完全脱离了生活实际,就会产生相反的效果,被贴上神秘化、搞笑化、欺骗化的标签。例如,"飞檐走壁""水上漂"等特效使人们对武术形成了乌托邦式幻想。

随着高新科技及互联网式思维的快速发展,中国社会进入3.0时代。人们的审美感受往往随时代的发展、生活方式的变化、文化水平的提高而不断更新[1]。现在,人们生活在".com"之中,传统的此时此地性被媒介时代彻底虚空化。以拜年为例:最开始是亲自登门拜访,而后采用书信、贺卡问候,再后就是电话、短信敷衍,一句"群发的短信我不回"道出了人们内心的感受,现代的高科技虽然

---

[1] 胡小明.体育美学[M].北京:高等教育出版社,2009:191.

使人们交往相对便利,但疏远了人们之间的心理距离。

现代大众媒介(电子书刊、电视、电影、互联网)取代古典媒介使审美现代性成为可能。北京大学王一川[1]教授认为,"大众媒介在中国审美现代性的生成过程中显示了重要的作用。没有大众媒介便没有审美现代性。审美现代性在相应的大众媒介中萌发和生长"。所谓媒介即讯息,只不过是说:任何媒介(即人的任何延伸)对个人和社会的任何影响都是因新的尺度而产生的,我们的任何一种延伸(或任何一种新的技术)都要在我们的事务中引进一种新的尺度[2]。美国传播学者梅罗维茨[3]提出媒介情境论——新媒介,新情境。

随着武术现代性与审美现代性发展,武术利用高科技手段打造了一种全新的感性化的表演样式。这种样式的武术融合舞蹈、音乐、灯光、声效等形式,运用艺术的表现手法,在舞台上演绎了别样武美,这就是艺术化的武术。功夫舞台剧《风中少林》等利用武术技击乌托邦和理想国,塑造武术习练者的人格、修为;利用武术强大的精神教化——爱国主义精神、武侠人格意象等,对习练者进行熏染;利用武德之礼仪文化——尊敬师长、重道守常,吸引青少年和武术爱好者,获得良好的武术声誉和可观的经济效益。

"所谓视觉文化,它的基本含义在于视觉因素,或者说形象或影像占据了我们文化的主导地位。强调视觉快感,专注于感性的愉悦,使得视觉文化成为当代中国文化的主流"[4]。视觉文化时代,武术审美现代性更应该注重人文精神价值的存在,用真正的审美情怀,营造武术人的心灵家园;不应成为膨胀个性、无节制张扬欲望的借口。文化已从过去那种特定的文化圈层中扩张出来,进入了人们的日常生活,成为消费品[5]。利奥·洛文塔尔[6]提出的"消费偶像"观再次提醒我们要注意打造武术明星,在武术商业化过程中偶像的作用不可小觑。例如,国际功夫巨星李小龙作为精神图腾,让全世界知道和认识中国武术(功夫)。蔡龙云先生在《功夫之道:李小龙中国武术之道研究》的序言中写到:"凭一己之力,就做到和

---

① 王一川. 大众媒介与审美现代性的生成[J]. 学术论坛,2004,(2):121-125.
② 马歇尔·麦克卢汉. 理解媒介:论人的延伸[M]. 何道宽,译. 南京:译林出版社,2019:17.
③ JOSHUA MEYROWITZ. No Sense of Place: The impact of electronic media on social behavior[M]. New York: Oxford University Press, 1985: 38-40.
④ 周宪. 视觉文化与消费社会[J]. 福建论坛(人文社会科学版),2001(2):29-35.
⑤ 弗雷德里克·杰姆逊. 后现代主义与文化理论——杰姆逊教授讲演录[M]. 唐小兵,译. 西安:陕西师范大学出版社,1986:148.
⑥ 利奥·洛文塔尔. 文学、通俗文化和社会[M]. 甘锋,译. 北京:中国人民大学出版社,2011:155.

第五章 审美现代性批判视域下的当代武术发展

实现了本民族独特文化的世界性传播。"[1]消费偶像首先是"生产偶像"。当代审美文化对形象（明星、偶像）非常崇拜，形象与消费正是当代中西方审美文化的共同表述征候[2]。从社会经济学意义上讲，视觉文化是在以生产为中心的生产模式向以消费为中心的消费模式的转变中产生的，视觉的快感和刺激在强调欲望的文化、享乐主义的意识形态和都市的生活方式的消费社会有独特的优势[3]。现代武馆和武校，重利益轻资质、不分良莠现象，以及散打利用视觉文化的优势，通过慢镜头渲染和视频剪辑整合出重击和血腥的动作组合呈现给观众，特意夸张、拼贴，彰显刺激，满足物欲的趋势还是要给予批判。自1994年诞生中华人民共和国第一位"武状元"以来，散打从未停止其商业化的探索。2000年，随着北京"中国武术散打王争霸赛"的上演，也正式拉开了中国散打最有力度的职业化改革序幕。比赛借鉴国外成功经验，引进娱乐化概念，强调灯光、音响、舞美等元素，把武术竞技的惊险刺激与视听欣赏融为一体。在发达国家，人们收入的80%都投入到文化消费而非物质消费，人们用80%的钱来满足自己情感和精神方面的需求[4]，这就是文化消费。武术文化消费首先要让消费者感受到武术带给他们的精神享受，能够从中找到乐趣。武术是文化外交的手段之一，在商业化传播的过程中我们要充分发挥传统文化的优势，让武术作品的生产和走向影响着大众的文化观念和审美追求。

中国传统文化讲究的"和而不同"是当代武术审美多样性的哲学基础。武术可以利用现代的科技优势打造新的审美样式，只有世人的理解和认同才能使武术更加繁荣。单一的发展模式难以体现武术的多功能价值，想必也难满足大众的审美需求，在继承基础上的大胆创新才是王道。

（二）武术发展要术道并重

术道并重、道器一统是传统武术文化一大特色。功能化与审美化并不完全矛盾，破除二元对立的局面，中国武术发展需要技术与艺术的双向驱动。在现实中，一部分人排斥视觉文化，认为技术与艺术不能兼容，将武术的艺术性泯灭——强调武术的技击价值，武术出现了唯技击论；一部分人鼓吹视觉文化，大肆宣扬武

---

[1] 李小龙. 功夫之道：李小龙中国武术之道研究[M]. 温戈, 杨娟, 译. 北京：中国海关出版社, 2010：中文版序, 18.
[2] 易存国. 中国审美文化[M]. 上海：上海人民出版社, 2001：207.
[3] 蔡长虹. 从语言文字的角度看对视觉文化传播的误读[J]. 传媒, 2007（7）：62-63.
[4] 王钧, 刘琴. 文化品牌传播[M]. 北京：北京大学出版社, 2010：84.

术的艺术性,将技术与艺术对立——武术又出现了纯艺术化倾向。鉴于此,笔者提出要做到武术技术与艺术融合,技艺渗透方能相得益彰。

可以充分利用逼真的技术手段和丰富的想象力等来彰显武术的艺术魅力,尤其是在艺术化武术方面更应该注意技术含量和艺术意蕴的融合。例如,象形拳是一种形象化、艺术化的代表拳种,但是如果一味模仿(艺术化),就会失去其原本意义(技击性)。张文广[①]认为,"猴拳本是一种较好的拳术,但有的表演者专门为模仿而模仿,甚至在面部表情上花较多的精力去模仿猴子,这样既失去了武术的特点,也不能更好地体现出武术的美和体育价值";还有竞技场上的螳螂拳也是一样,为了模仿而过分摇晃、摆动,徒有其形而无其实。武术中"武"与"舞"的成分一定要控制好比例,否则就会像书法笔画中悬针竖过多会有飘浮的感觉一样,武术中艺术化的动作过多会使人产生"头重脚轻根底浅"的感觉。通过具有技击含义的动作,充分展现阳刚美与和谐美,是竞技武术套路的重点,只有立足于这两点才是完全遵循东方艺术表达方式的一种发展模式[②]。这充分说明,武术的技术与艺术要分配得当,不能顾此失彼。

常言道"艺体不分家",艺术和体育天然就具有共通性。视觉文化时代,更可利用二者的"互渗"打造武术的审美和谐。武术的艺术化要为技术服务,武术的技术可通过艺术化进行表达。然而在实际中,一方面,受到武侠影视剧等过于艺术化的渲染,人们对现实中的武术比赛倍感乏味,声称离他们想象中的相去甚远;另一方面,受到《武林大会》等武术类现场节目过于技术化的影响,世人心目中武术那种"君子无所争,其争也君子"的高大形象被无原则和无休止的撕扯、推搡的"草根"形象所破坏。上述现象似乎表明,武术的技术与艺术二者不可兼得或难以融合。实则不然。一方面,武术可以通过艺术手段还原传统技术——彰显细节,肯定武美;澄清神秘,还原武美。另一方面,传统技击功效可以进行艺术化模拟,"巧打""打巧"正可运用现代视觉文化的高科技手段彰显出来。

(三)多样化武术满足需求

武术发展样式一直受到社会环境和大众文化的影响,武术应有的精神内涵、思想主旨和生命价值都会赋予该样式中,并通过独立性和个性化进行表达,这也

---

① 张文广. 我的武术生涯[M]. 北京:北京体育大学出版社,2002:314.
② 杨建营,屈政梅,石旭飞. 从竞技武术套路的发展历程探讨其未来趋向[J]. 北京体育大学学报,2009,32(3):135-138.

是当代武术发展的趋势之一。当代武术的竞技样式一家独大，究其原因，一方面是武术的生态环境遭到破坏。近年来，虽然大力倡导非物质文化遗产的保护，但保护也只是外在的。例如，乡土文化孕育传统武术与生俱来的礼仪、习俗、传承方式、道德规范等很难在现代这样一个消费型社会加以封存。人们受到各种利益驱使，即使是古朴的传统武术比赛也已受到浸染，肆意飞扬着"铜臭味"。"文化搭台，经贸唱戏"，打着保护传统武术的幌子做着土豪敛财的事情，不一而足。另一方面，随着全球化的越演越烈，域外体育跆拳道、瑜伽等项目的大举"入侵"，使得武术不得不改变原有的审美范式，更加倾向于朝感性化、娱乐化、竞技化的方向发展。总之，武术的竞技化、单一化发展既有来自社会环境和大众文化的引领，也有来自武术本身的发展诉求；前者要挣脱传统审美文化对武术的禁锢，后者又渴求达成基本的文化认同。基于以上两种原因，20世纪90年代以来，武术单一化、样板化的批评声一直不绝于耳，极力阻止武术继续竞技化的脚步。特别是进入21世纪，武术审美文化更是发生了最显著的变化。武术表现样式逐渐分化，出现了艺术武术、媒介武术、虚拟武术等。这也充分说明，武术发展已经进入分化期，大一统的形式很难包容武术的多价值功能。武术新样式需要独立，需要发展空间，人为限制只能减缓而不能阻止武术发展的多样化空间。因此，审美现代性批判视域下，当代武术发展的逻辑理路应该立足现实，利用科技和创意打造多样化的武术，满足不同受众的实际需求。例如，对拳种的功法进行创新性改造，赋予武术健美健体价值；将武术中蕴含的武侠文化和尚武精神与课程思政融合，培训学生尚武精神等。

三、文化与科技相融合引领武术审美新风尚

一定时期内，人们在人文理性和技术理性视域下，曾将文化与科技看成是对立的。其实，文化与科技不相容本身就是一个逻辑悖论。文化包含了人们在认识世界和改造世界过程中形成的一些思想和理论，是人们生存生活的方式方法和准则。科技包括科学和技术两个概念，是人类在长期认识和改造世界过程中积累下来的知识体系和生产工具。科学技术为创造和发展文化提供物质基础，文化为科学技术的进步提供精神动力和智力支持。现阶段，文化与科技深度融合已经成为诸多领域发展的共识。

(一)文化的科技化和科技的文化化

"科技创新是文化产业发展的重要引擎。人类历史上三次科技进步带来了文化生产方式三次革命。在现代科技推动下,当代文化形态发生了四个深刻变化,形成了新兴文化产业、传统文化产业、地方特色文化产业三足鼎立的格局"[①]。科技是文化成为产业的必要条件,文化成为产业是科技发展的结果。文化与科技融合的重点是要面向需求,汇聚资源,引创并重,推进提升。从大文化观视角看,文化与科技都是文化。文化与科技本是一体两面。历史上,文化与科技有分离也有结合;如今,文化与科技已然融合,文化的科技化和科技的文化化现象十分明显。

在现代性发展的动力中,技术是一个非常重要的角色。赫伯特·马尔库塞指出,技术具有进步性和破坏性的两面性,马尔库塞批判技术具有极权主义特性的破坏性,这造成了单向度的、封闭的社会,甚至是僵硬的全球化[②]。因此,遵循文化与科技相融合的逻辑理路,破解武术人文精神与现代科技不兼容的逻辑悖论,在"是与应是"之间守正创新就要充分利用现代科技的工具理性融合武术人文精神的价值理性,将武术蕴含的内外兼修、形神兼备的身体文化通过高科技手段进行解构并展示,让人们零距离接触武术深层次的灵魂和智慧。例如,高科技打造的武术实践体验馆,以及上海体育大学的中国武术博物馆等,都是比较成功的范例。

(二)文化和科技融合既是目的也是手段

党的十七届六中全会指出,科技创新是文化发展的重要引擎,要发挥文化和科技相互促进的作用。当下,文化科技融合既是社会关注的热点,也是社会关注的焦点,它已然成为建设文化强国的必备武器。武术的创新发展需在一定认识的基础上达成理论共识,审美现代性对武术发展造成了一定负面影响,生存空间受到挤压,树立从应变到求变的思维,主动寻找出路是其解决方案之一。针对武术厚重的文化底蕴,提出应将武术的文化价值与当前的高科技手段融合起来,使武术自身的内蕴美和技术的外显美相得益彰。

尼尔·波兹曼的《娱乐至死》一书自问世以来即产生强烈反响,媒介的不断

---

① 祁述裕,刘琳. 文化与科技融合引领文化产业发展[J]. 国家行政学院学报,2011(6):64-67.
② 赫伯特·马尔库塞. 单向度的人:发达工业社会意识形态研究[M]. 刘继,译. 上海:上海译文出版社,2006:207-210.

第五章 审美现代性批判视域下的当代武术发展

变化引起了中外学者对传统文化价值体现的担忧。王岗[①]认为,"中国武术的当代研究不能顾此失彼。即,中国武术的研究要有宽视域的考察,也要有多角度的审视;要有褒扬发展的赞颂,也要有质疑批判的理性;要有技术的研究,也要有文化的思考;要有对传统的珍爱,也要有对现代的探究"。中国武术发展需要破除二元对立的局面。加快推进文化与科技融合是建设社会主义文化强国的必然要求,也是大武术观视域下武术国际化的必然选择。武术国际化离不开文化与科技的双向驱动。文化与科技融合本身就是一个创新过程,是在原有基础上形成新的内容或形式,以满足社会审美需求。因此,文化和科技融合既是目的也是手段。

武术审美现代性发展过程需要文化科技融合,需要文化创意。文化创意将为武术发展提出重大的战略转向与机制创新[②]。文化创意能够彰显个性、凸显主体、内化动力,"驱动传统业态的文化资本化、资源景观化、主题商品化、创意品牌化、产品产业化和营销整合化,从而提升文化产业附加值和文化竞争力"[②]。超越传统,需依靠科技;打造品牌,要立足文化。新媒体和新技术加大了武术数字化的后发优势;各类演艺节目及相关文化赛事扩大了武术的品牌效应;融合传统艺术样式、增强武术视听魅力,以及媒介关注、名人支持,提高了武术的知名度和受众影响力。新媒体传播武术与传统面对面的传播相比,既搭建了一座新桥,同时也形成了一道新沟。作为"桥",它增进了武术与大众的交流与互动;作为"沟",它使武术的文化与高新技术发生隔阂与冲突。一方面,在竞技武术比赛中,可以利用科技手段展现武术文化背景,在某个项目比赛前由专业人士进行解说,向观众普及武术文化知识;另一方面,武术发展切勿离开技击,不管是虚拟的还是真实的,如果没有技击性,就会失去武术的美。一味追求艺术性莫不如看舞蹈、杂技。武术的文化需要通过"一拳一脚、一招一势"来体现或蕴藉。妙在似与不似之间,太似则媚俗,不似则欺世。文化科技融合就是要把控好武术美的"度"。在人类文化已向视觉文化转向的过程中,中国对外展现的视觉形象成为影响国家形象的重要因素,也是中国文化整体输出的一个重要组成部分[③]。武术对外展现的视觉形象也是武术文化形象的重要因素,人际间和谐度和社会安全度有赖于武术的文化昭示和精神引领作用。

---

① 王岗. 中国武术的当代研究不能"顾此失彼"[J]. 搏击(武术科学), 2008(10): 2.
② 陈麦池. 基于文化创意的武术文化景观品牌化战略研究[J]. 首都师范大学学报(自然科学版), 2014, 35(1): 44-49.
③ 王岳川. 中国视觉文化形象建构应"再中国化"[J]. 江苏行政学院学报, 2014(1): 21-24.

中国武术审美现代性批判与当代发展

（三）文化与科技融合引领武术审美新风尚

审美现代性是对现代性的一种反思和批判，通过审美将人的主体性和个性予以提升，在批判理性的同时更加注重感性的因素，使得传统审美发生了一些变化（解构当代武术的审美文化现象，发现武术愈加艺术化、消费化甚或商业化），但是一定要防止矫枉过正。现在武术审美已经呈现出一种倾向，那就是"工具或技术理性大于人文或价值理性"，反过来"奴役"了人的本性。审美现代性应该有一种深厚而内蕴的精神价值追求。武术审美现代性过程中出现了人文精神与科技的决然对立，其实这是一种夸张的表现，也是一种极端的表现。武术审美现实如此不代表武术审美就应该如此，这是武术理论研究者应该保持清醒并适时加以批判的关键所在。武术审美现代性具有艺术化、消费化、感官化的特性，在价值上也有享乐主义苗头，在趣味上有低俗趋向。武术不能沦落为一种身体美学的范畴，只图感官享受而失去应有的理性精神。

对待审美现代性问题要有辩证逻辑思维，持辩证客观的态度。审美现代性批判视域下当代武术发展要发掘传统武术文化内涵，关注武术自身文化主体性，跳出固化思维和西化思维，坚持传统性与现代性的统一，坚持批判与褒扬的统一，坚持解构与建构的统一。在解构中，利用信息时代的高科技手段转译武术的技击之美、文化之美、和合之美，革新传统武术的陈规陋习和不适应当代社会发展语境的元素，使其在工具理性与价值理性、科技与伦理之间保持动态平衡；在建构中，要守正创新，利用媒体力量和媒介价值，铸牢传统武术话语体系，坚持文化主导权和阐释权，正面宣传武术文化，抵御污名化现象，提升武术发展新高度。具体可以采取"因势利导、宜疏不宜堵"的策略使武术在一种合理张力的基础上向前发展，可以利用科技手段呈现武术的人文精神，可以寓教化于娱乐之中。例如，聘请专业的武术运动员或教练员等担任比赛主持人，根据运动员的演练水平、套路编排做出即时点评，营造套路比赛"主""客"互动的氛围，打造津津有味的观赛模式。同时，规定运动员长拳、南拳、太极拳等参赛项目的不同配乐，既能通过视听的配合展示不同项目的特点，亦可让运动员沉溺其中感悟武术之美。当然，在运用舞台、音乐、灯光等现代化科技手段的同时，还应将传统武术人文价值内涵展示出来，提高武术的文化影响力和渗透力，形成一个民族特色文化品牌。总之，利用文化与科技相融合，打造王中王争霸赛，使其成为吸引人们欣赏竞技武术的一种新形式，引领当代武术审美新风尚。

第五章 审美现代性批判视域下的当代武术发展

第三节 微观层面：审美现代性批判视域下当代武术发展的实践路径

众所周知，审美现代性的主要特征是追求感性、新奇与个性解放，表现为审美大众化和生活艺术化，强调"一过式"的审美体验等。20世纪90年代以来，社会的现代性进程倒逼武术审美过分追求艺术化和消费化，使得武术发展进入了审美现代性阶段。那么，面对武术的审美现代性，通过文化科技相融合引领武术的创新发展才是当下的不二选择。例如，传统武术在保持文化内涵的基础上增加科技含量；媒介武术（武侠影视剧、武术动漫剧、武术微电影）在保持科技优势的基础上增加文化内涵；竞技武术与武术类表演节目（功夫舞台剧、武术创意节目、大型文艺演出活动中的武术表演）需要文化与科技的双轮驱动；等等，不一而足。综上，当代武术发展的应然之路是将刚健有为的精神和厚德载物的品质用科技手段转化出来，让广大受众感受到武术"产品"的审美情趣及蕴含的文化内质。同时，当代武术的发展应在吸收借鉴西方竞技体育现代化积极因素和有益成果的基础上，坚持文化主体性原则，廓清武术现代性进程中现象与本质的关系，批判武术审美现代性的偏激行为，为当代武术发展提供可操作性的实践路径。

一、技艺渗透，寓教于乐：武术在艺术化过程中要加强人文教化作用

古有武舞，今有功夫舞台剧，武术与艺术结合是当代武术发展的有效路径之一。技艺渗透，寓教于乐，只有武术艺术审美和人文教化作用辩证统一、和谐有度，才能使当代武术发展体现出大武术观的初心和使命。

（一）技艺渗透，相得益彰

现代社会出现了批判武术异化的声音——散打没有打出武术所追求的巧妙和精心构思的技术，套路也未能引发对技击的想象[①]。可以说，武术一直崇尚的艺术化思维就是它区别于各国武技的独到之处。武术"打"的方法集中体现了中国文化的要义——以静制动、以巧斗力、上善若水、柔弱胜刚强等。武术的技术与艺

---

① 戴国斌. 武术现代化的异化研究[J]. 体育与科学，2004，25（1）：8-10，14.

术不可分离，但是要做到主次分明。总体而言，艺术是为技术服务的，是为了更好地彰显技术；技术只有在艺术的衬托与包装下才能大放异彩，备受瞩目。艺术化地表现武术也不要脱离技术，要以技击为本源。武术产生于社会实践，它的"原始力量"来源于技击，虽然时过境迁、传统的生态环境不复存在，但是它的技击本质始终没有变。艺术展现武术可以显现出技击的理想效果，但那些绝不是武术"舞化"或者"操化"的理由。武术的美是通过"技击"体现的，武术套路的技击美是通过"意"来彰显的，这种"意"又通过表演者的"巧打""巧练"来带给审美主体以想象的空间。现在，有些武术样式片面追求形式，利用新媒体大造声势，不注意技击的"意"、不考虑击打的"巧"，从而造成了武术技术与艺术的割裂或者比例失调，失去了真正的武术美，不足为道。

　　武术技击与艺术的二元对立时代应该结束，未来武术发展可以超越二者的冲突，走出"文化围城"，进入互惠层面。从内容与形式的角度讲，首先武术动作只有与技击含义结合起来，才能言之有物、形象逼真、准确到位、意境深远。现今，竞技武术套路创编为了追求所谓的"高、难、美、新"选取一些哗众取宠的动作，这些动作到底有何用可能连创编者都不清楚。这样的动作演练出来就会给人一种空洞的、花哨的作秀感觉——华丽唯美而技击缺失，外饰有余而内意不足，显得不伦不类。其次，艺术源于生活，艺术化的武术也不能脱离生活，艺术化的武术虽允许夸张和虚构，但不能无原则、无底线，丧失武术的技击本性。北京大学张世英[①]认为，我们"生活艺术化"的关键在于提高人的心灵美，重在"真"字和思想命题方面下功夫。随着生活的艺术化，当代武术也进入了艺术化发展的时代。但是艺术化的武术千万不要丧失自己的灵魂，把感性美、声色之美当作美的核心。武术的内在美有别于浅表的声色之美，它能涤荡人的心灵，使之慢慢回归到自然本态（海德格尔说的本真状态）。然而，当代武术在审美现代性和现代性的双重裹挟下表现出传统与现代交织的二律背反现象：一方面，斥责武术发展的不伦不类，倡导武术的传统回归；另一方面，积极投身于武术艺术化、商业化、娱乐化的造势之中。对此，我们要理性对待并正确引导，只有采取"宜疏不宜堵"的发展策略及"和谐共生"的发展模式才是明智之举。例如，作为武术本质属性的技击，在当代法治社会仅局限在较小的专业范围内使用，这时我们可以利用高科技手段，将其创造性转化和创新性发展，就像中国武术博物馆里面的各个拳种门派展示，

---

① 张世英. 生活的艺术化与艺术的神圣性[J]. 文艺研究，2010（11）：5-13.

第五章　审美现代性批判视域下的当代武术发展

通过文化与科技相融合的模式，艺术化地模拟技击、展示技击，将技击属性融入习武者的日常习武实践中，如图 5-5 所示。

图 5-5　中国武术博物馆（上海）内各个拳种门派的展示

另外，受到中国社会审美现代性的影响，当代武术发展越来越感性化、艺术化乃至神秘化，针对近些年出现的武术假大师、伪武术等现象，应坚定文化自信，秉持开放包容，坚持守正创新；坚持武术的技击本质，树立新时代守正创新的审美风尚，对那些违反科学、虚假宣传、有损武术正面形象的污名化行为进行有力抨击。秉持开放包容的大武术观态度，武术发展可以艺术化，但那也只是"艺术化的武术"，而不能成为"武术艺术化"的借口，陷入"为艺术而艺术"的彀中，

97

丢了武之为"武"的根本。

（二）寓教于乐，张弛有度

黑格尔①曾明确指出："审美带有令人解放的性质。"这说明艺术化武术的审美活动并不应该视为纯粹"为艺术而艺术""为美而美"的消遣娱乐活动，而是带有某种使审美主体自由、让审美主体解放的教化性质。武术审美现代性主张的复魅和神秘化进一步加剧了武术的艺术化和消费化趋势，然而，消费社会的文化没有能够提供指导我们生活的核心价值②。武术审美的核心价值乃在于寓教于乐的仁礼教化。审美具有教化功能由来已久。早在先秦时期，孔子就提出了"文"与"质"相合的君子标准（文质彬彬，然后君子），强调做人既要注重外在容颜，又要修养内在品德，两者统一，方为理想人物。孔子追求理想人格的思维方式和价值取向对中国文化的各个领域均产生了广泛而深远的影响。例如，中国的诗讲究"诗以言志"，中国的画讲究"画助人伦"，等等。其实，在中国古代，无数智者贤士早已把习文和备武并重同修。所谓"习文备武君子之业也"，文与武都是古人修身养性的主要课业。

盖武术不独可以强健体魄，亦可以增进德性③。中国武术不仅有强身健体、娱乐欣赏等功效，更可通过习练武术使主体得到精神修养，培养内敛自谦的性格。美是感性与理性、合目的性与合规律性的统一。西方哲学家普洛丁提倡审美要"抑肉伸灵、收心内视"，最高的美是目不可见的；东方哲人老子倡导"涤除玄鉴"，庄子倡导"心斋、坐忘"，孔子强调"乐而不淫"（《论语·八佾》），武术审美价值应有"一日三省吾身"的道德教化作用，不能一味体现"及时享乐"的感官娱乐化。

审美现代性阶段，人们的思想解放出来，尤其是到了 20 世纪 90 年代纷纷投入到视觉文化所营造的感性化大军中来。一时间享乐主义、消费主义泛滥，各种娱乐形式尤其是表演性质的多有武术加盟，武术被用于消遣、享乐，审美趣味由内转外、由雅转俗；审美价值由教化转向娱乐。其实，这是一种带有明显不理性因素的表现，致使武术审美出现了一定程度的异化。现在，社会各界有识之士已有所意识和觉醒，武术需要在中华民族伟大复兴的进程中有所作为。提炼武术中

---

① 黑格尔. 美学（第一卷）[M]. 朱光潜, 译. 北京：商务印书馆，1979：147.
② 陶东风. 消费文化语境中的身体美学[J]. 马克思主义与现实，2010（2）：27-34.
③ 周伟良. 中国武术史参考资料选编[M]. 台北：逸文武术文化，2009：156.

第五章 审美现代性批判视域下的当代武术发展

蕴涵的人文价值并将其进行时代转化反哺于大众正是当务之急。各种形式的武术都应以此为己任，大力创新、大胆尝试。例如，在影视剧模式中多运用传统意象符号，深刻阐释武术的文化内涵，给大众以教化；不要宣传一些虚无缥缈、虚幻至极的东西误导大众，或者以一些低俗的东西诱惑大众。武术类影视剧可以效仿由徐皓峰执导的《倭寇的踪迹》《箭士柳白猿》等，引发人们特别是受众群体对武术内涵的深思，使其沉溺其中，激发对武术的追求。在竞技武术套路中应将动作内涵所能折射出的技击意味放在主要地位或者至少与服装、音乐、器械、艺术表现力等外显层放到同等地位，同时在套路创编中要多融入一些带有传统技击含义的动作，少一些花哨的不知所为何用的动作，避免武术的过度"舞化"或"操化"，要有一种民族使命感和历史责任感去开拓武术的未来走向。

换言之，武术审美现代性虽然出现了审美消费现象，但对武术审美消费现象要保持一种批判精神。在各种追新求异的现代主义思潮下，武术审美现代性应该认清技术理性和工具理性可能导致"单面人"的窘境。有研究者指出："竞技武术在发展中不但直接导致了传统武术文化的断裂，还造成传统武术价值体系的丢失。"[①]武术审美核心价值要体现出"审美救赎"的功能，而不应成为膨胀个性、无节制张扬欲望的借口。

现今，传统文化的创新发展和新型审美文化样式的出现共同为武术开辟了新的发展空间和价值属性。武术微电影（微时、微周期制作、微规模投资）是自媒体时代一部分大众专享的审美形式。有文化自觉的武术人开始利用微电影的优势，将一部分大众引进来，加大了武术的宣传力度和覆盖面（受众也是传播者，武术的认知度可以滚雪球似的越来越大）。例如，首部武术微电影《禅武心：禅意》，将"禅意""武神""佛心"等精神与每个情节融会，深刻揭示了"习武时心静是关键""武为止戈""习武不是争斗，而是平息争斗"等武术文化的哲学内涵，弘扬了少林禅武精神。但是，在此过程中要注意武术微电影的伦理操守，以高扬武术的人文价值为要。总之，各类武术形式如果不把文化传承、人文教化作为一种不可推卸的社会责任，终将失去武之为武的核心竞争力。坚守品味，抵制诱惑，增强思想性和树立正确的价值取向是未来武术发展的实践路径。

贺拉斯倡导"寓教于乐"（《诗艺》）的美学原则，自古就被人们巧妙地运用于武术的实践操作之中，古代的射礼就是一个极好的证明（图5-6）。射礼不仅是技

---

① 马廉祯. 论中国武术的现代转型与竞技武术的得失[J]. 体育学刊，2012，19（3）：114-120.

艺比试，更是人文教化。它通过"射"这种具体感性的、带有"乐"成分的方式规约人的言行，塑造人的德行并以此来完成教化的目的。射礼要求"射者，进退周还必中礼，内志正，外体直"，然后才是"持弓矢审固"。可见，这种演练已经将教化融入娱乐当中，"射"遂成了道德意义上"身正"的一种象征。综观古代射术向射礼的转化过程，它体现出了东方文明的气质和品格——"争斗而有礼让，内敛而不张扬"。孔子曰："君子无所争，必也射乎！揖让而升，下而饮，其争也君子。"（《论语·八佾》）这句话体现了我国古代射礼的人文教化之功效。比射之前，先行礼让；比射之后，相互敬酒，"输者说领教，胜者说承让"[①]，君子有所争也无所争，射礼成就了一个人的德性。

图 5-6　射礼图

今天，武侠影视作品和功夫舞台剧中也不乏这样的例子（寓教于乐）。它们就像某些公益广告，懂得渗透、沁人心脾，将教化理念蕴涵其中，运用高新的技术手段巧妙地完成。如图 5-7 所示，《倭寇的踪迹》中梁痕录（宋洋饰演）为使戚家刀在民间流传挑战四大门派，虽然在与裘冬月（于承惠饰演）的比武中落败，但戚家刀得到裘冬月的认可，裘冬月不忍这一绝技及其承载的精神失传，同意梁痕录为戚家刀开宗立派，流传民间，实现了梁痕录（戚家军）之夙愿。此举体现了一个中国武者强大的精神品格。中国文化是伦理型文化，在竞技中胜负并非首位，更看重其背后的"真东西"和精神内涵，提倡技艺与精神的传承。视觉文化时代，互联网彻底改变了艺术生态[②]。体育、游戏和艺术史无前例地缩小了距离、打破了界限，相互交融、互相渗透。在此前提与背景下，武术网络游戏可以尝试采用体感互动的方式进行，让玩家置身其中，参与互动，将教化理念与故事情节紧密结

---

① 夏琼华. 太极拳中的礼法文化[J]. 体育学刊, 2010, 17（5）: 92-94.
② 徐粤春. 当代中国艺术发展新态势[N]. 中国艺术报, 2012-10-19（12）.

合。例如，武术大师蔡龙云打败域外技击家的历史史实、奋威将军祖逖闻鸡起舞的经典故事都可以通过影像化进行处理、加工、润色，反哺于大众。这样，玩家在游戏过程中，亲自体验武者的高大光辉形象，感受自强不息的民族精神，使其在娱乐之余得到思想净化。

图5-7　《倭寇的踪迹》中裘冬月（于承惠饰演）与梁痕录（宋洋饰演）比试

总之，要弘扬武术的主流价值体系，立足主旋律，传播正能量。须知，华夏五千年文明之水滋养的中国武术不仅是一种实用的技艺，更是一种教化的手段。今人应该树立娱乐和教化相和谐的创作理念，打造富含民族文化底蕴而又符合全球大众审美情趣的武术精品；在娱乐和教化之间不能顾此失彼、二元对立，要做到寓教于乐、张弛有度，执其两端而用中，将武术审美文化的感性层面与理性层面有机结合起来，使其既悦耳目又悦心神才是未来武术发展路径的最佳选择。

二、效益为本，兼顾价值：武术在消费化过程中要强调社会价值的重要性

武术消费过程扩大了武术的受众群体，亦是武术获得生存资本的途径之一。然而，武术价值不仅仅体现在经济功能上，还体现在育人功能上。武术社会价值（尤指教化作用）的充分体现是武术长期健康发展的保障和代代良性传承的基础。

（一）教化为主，娱乐为辅

视觉文化是一种以图像为主因来表达、理解和解释事物的文化形态[①]。因此，显像与隐像，也就是海德格尔所谓的"显隐说"更需要娱乐与教化相结合。图像

---

① 肖伟胜. 视觉文化与图像意识研究[M]. 北京：北京大学出版社，2011：43.

主要是观看表面，是"显"的视觉层面；而内在"隐"的思想层面则需要用心解读。只有"心灵"之观与"肉眼"之看合二为一，才能参透事物本质。视觉文化时代，"社会需求在不断操控着图像的生产和观赏。现代科技的发达使图像越来越不具有现实性"[1]。武术美学精神不能随波逐流，向市场或娱乐产业屈从，而应该高扬武术的人文精神，提升武术的主体地位。

武以载道，以武成人。当代的视觉文化在扩大武术传播场域、弱化武术传播时空限制的基础上，也使武术在消费化过程中出现了吹嘘造假等文质不符现象。在技术理性和价值理性产生矛盾的时候，我们需要坚守武术的精神品质，坚持娱乐与教化合一。当代武术受到视觉文化时代的影响，外在形式美被提到了至高无上的地位。在这种情况下，武术渐渐偏离了自身应有的教化要义。

当下武术的发展应做到"三高"，即高瞻远瞩、高韵深情、高屋建瓴，要有远见卓识，要有豁达心胸。处于消费社会的武术，切忌急功近利。由于受到经济利益的驱使，有些商家不顾武术的人文内涵，大肆过滤甚或变相扭曲；为了获得商业暴利，不惜主动迎合大众的审美心理，满足他们的耳目之欢，将武术浅表化、庸俗化。这样就需要及时对武术进行正确诠释。例如，功夫舞台剧等演绎性武术，要在弘扬"武"之灵魂的基础上展现"舞"美。另外，视觉文化时代可以利用电子传媒的优势，将武术的经典著作拍成纪录片传播到海内外，并通过专门的人才进行讲解，就像CCTV-10科教频道的《百家讲坛》或CCTV-9纪录频道的历史纪录片，重塑武术高大光辉的形象，减少有意或无意（因为意识形态的差异）对武术的层层误读。片中首先展现真正的东方武学蕴藉，而不是封建迷信的糟粕，不能停留在仅为满足大众的好奇心及感官欲层面；其次，可以尽量利用视觉文化打造武术形象工程，但是要配有正确的解说，能够贯通武术历史脉络而不是随意肢解。

有思想、有深度的武术是人文与科技、内蕴与外显相结合的武术。通过结合进而交融以实现武术文化的与时俱进，体现武术文化的博大精深，展现武术文化的别具一格。然而，今天的竞技武术套路一味崇尚科技、一味效法西方而失去个性，动作徒具花架，不具教化内涵。形象大于一切，武术在人们心目中过于"美化"了。

另外，从武术作品层面讲，只有内容与形式高度一致才是好的作品。只有文质相符，内容与形式才能完美体现；单纯追求视觉冲击力往往导致内容空泛，像

---

[1] 党西民. 视觉文化的权力运作[M]. 北京：人民出版社，2012：38.

武术影视作品《无极》（图 5-8）等过于追求"景观"化的震撼场面，形式大于内容，致使片中情节简单，思想肤浅；更有甚者，有些武侠影视剧通过慢镜头、特写镜头来刻意彰显技击的暴力过程，迎合部分受众的视觉欲望，这无形中侵染了青少年群体的价值观及意识形态。因此，应该加强"娱乐与教化"的辩证关系，尽量减少对武术形象造成的负面影响。

图 5-8　武术影视作品《无极》

综上所述，多元化样式虽然对当代武术的发展有着重要的意义，是武术谋求生存与发展的必经之途，但是武术消费化的过程又的确造成了其教化理念、文化内涵的大打折扣。因此，必须克服视觉文化的不利影响，建立新的武术发展模式和评价体系，坚持娱乐与教化优势互补的审美要旨，把武术文化内涵的展示与视觉文化语境下武术的形态考察辩证结合起来。这样，通过对当代武术的发展走向及运行规律所进行的学理性把握和实践性尝试，有利于武术在现代传媒条件下的健康成长。

（二）效益为本，兼顾价值

武术审美是感性与理性的结合，武术审美消费需要防止为消费而消费的不良倾向（不管消费内容只注意消费行为的一种现象），以保持适度的理性批判精神为要。

武术现代性是对传统武术中的封建宗法因素进行革新，对封建复古思潮进行抨击，用科学化的理性思维来武装武术。但是在审美现代性影响下，复魅重启，传统武术中的一些极其偏颇的"鬼道"精神被重新唤醒，致使武术被一些别有用心之人利用，大肆宣扬武术的神化之功，丑化武术的价值功能，利用网络媒体宣传炒作，误导大众认知，产生了当代武术的污名化现象（当下，武术被污名化既有武术主体的越轨行为，也有武术受众的认知偏差，还有媒体的深度催化。后现代社会的审丑行为倾向，助长了当代传统武术成为被戏谑对象的谈资，一些无良的习武者借助现代媒体和科技手段，点燃了"利欲熏心"的欲望之火，违背了传统武术文化的内涵要义，侵占了传统武术文化的发展空间，偏离了传统武术文化的价值取向）。

"当代中国存在的一个现实问题就是中华民族文化的断崖式断裂。市场经济中的西方化潮流，导致当代中国社会的情感结构呈现多重语境的叠合状态"[①]。2013年，联合国教科文组织和联合国开发计划署联合发布的《创意经济报告2013——拓展本土发展途径》中明确指出人类已经进入文化经济时代。"在当代社会，文化在社会发展中占据十分关键的重要地位，已经成为社会发展的驱动力。也就是说，人类社会经过从工业经济时代到知识经济时代，现在又过渡到文化经济时代了"[②]。文化经济时代，武术审美已发生重要转向，建立了武术自身内在的情感表达逻辑和审美表达机制。社会进步与科技发展使经济活动与文化活动的界限越来越模糊。文化和经济不断相互渗透，"文化经济化"和"经济文化化"日趋显著，文化产业和产业文化是其具体体现。

科技的滥用使武术更加神秘化、虚幻化，导致武术文化被肢解、被误读。武术发展既不能定位在"拳械相加"的技击表层，也不能沉溺于"博大精深"的文化空谈中。在"多屏合一、三网融合"的融媒体时代，受众群体的价值观选择问题必须引起重视。对于深受中国传统美学熏染的武术，只有懂得内蕴欣赏的人们才能真正体会到它的博大精深。审美修养高的人观看武术比赛不仅可以目睹精湛的技艺，而且可以从中体会到浓厚的人文底蕴，潜移默化之中陶冶性情、净化灵魂。当下武术发展，尚需以文化为体、物化为用，以崇德为主、尚力为辅，通过资源整合（包括新媒体技术），打造有民族特色的品牌产品，提高产品核心竞争力，树立"内容为王"的理念；解放思想，鼓励原创；坚持本体，顾全大局——兼顾

---

① 王杰. 审美现代性：当代中国的情感民族志初探[J]. 浙江社会科学，2021（1）：124-129，159.
② 王杰，肖琼. 文化经济时代审美人类学的新问题与新挑战[J]. 思想战线，2016，42（3）：39-44.

第五章 审美现代性批判视域下的当代武术发展

武术发展的经济效益与社会效益、短期效益与长远效益协调统一。

"中国特色社会主义进入新时代以来,文化产业与科技产业产生了越来越紧密的融合。例如,文化产业以'互联网+'为切入口,加速了传统文化产业转型,移动互联网、大数据、物联网、AI 等科技手段实现文化产业与科技产业的全面融合"[①]。武术可以利用现代科技手段不断解构、转译、诠释内蕴文化元素,如武术竞赛表演、娱乐休闲、影视动漫、旅游体验、健康养生等,增强自身的表现力、感染力和传播力,使大众提升武术的文化自觉和文化自信,激活他们潜在的消费意识,引导他们理性的消费行为。《武术产业发展规划(2019—2025 年)》中提出,充分利用移动互联网、物联网、云计算等新技术,构建"智慧武术"服务网络和平台,拓展"互联网+武术"新领域。科技赋能中国武术文化的现代化创新,应围绕中国武术的相关文化资源,通过现代科技手段与中国武术文化资源进行融合创新[②]。文化与科技融合视域下的武术发展研究是利用现代科技手段创新武术文化体验方式,科技和文化作为武术"显性"和"隐性"的双轮驱动——文化创意、科技助力是修正武术审美现代性偏激表现的圭臬。例如,配合舞台上唯美的武术影像和精妙的武术动作,梦幻般的武当山、峨眉山的彩云之巅、虚实结合的立体动态、水墨晕染的写意场景在 LED(Light Emitting Diode,发光二极管)背景屏上不停变换,武术文化与科技手段深度融合,为大众呈上了一场视觉盛宴。全球 3.0 时代的来临,高科技数字化已成当今国际科技领域发展的前沿。武术作为一种文化,应巧妙构思、精心设计、立意创新,利用文化与科技相融合,在舞台画面上通过多层次、多角度的舞台视觉完整、生动地展示武术身体文化,最大效应地发挥武术的社会效益和经济价值。

形而上者谓之道,形而下者谓之器。武术的形而下功能是强身健体,形而上功能是修身养性。强身健体和修身养性合而为一,道器一统才是武术追求的终极目标。武术在社会现代性和资本现代性的驱使下,已经走上了为经济而经济、为艺术而艺术的世俗、庸俗的阶段。精神经济是一个更高层次的经济追求,武术发展到现阶段,其主要目的是借助有形的动作练习来达到无形的精神需求。这充分体现出武术的习练是一个不断修炼的过程,追求的是一种体悟证道的境界。

---

① 李慧. 走质量型发展之路[N]. 光明日报,2018-05-16(15).
② 王岗,郑晨. 新时代中国武术优秀文化的现代化创新论说[J]. 首都体育学院学报,2022,34(2):117-123.

三、传统内质，现代外形：武术在神秘化过程中要坚守自己的精神品格

武术审美现代性批判视域下，关于武术的传统与现代问题，我们既不能过于迷恋任何新潮思想，也不能完全固守传统思想价值准则[1]，应该找到一条调和折中的道路：一方面，引导大众欣赏武术技艺美、感悟武术的内蕴美；另一方面，将武术传统文化内质通过现代外显形式表达出来。如果把武术的根丢掉去迎合大众口味或生硬地把大众拉来欣赏武术美，将是不切实际的。

（一）武术的传统与现代

传统武术经历了一个世纪的现代化浪潮之后，应该重新检视传统武术的精神价值取向维度，从现代化的全盘西化和现代性的文化模仿中走出来，走向新的文化高度和精神厚度。武术文化要在现代性过程中拥有话语权，必须发掘武术文化精神的本源，重申武术文化的守正创新和不断现代化的新战略。创新是发展的不竭动力，只有守正创新才能表征武术文化的正面形象。在现代性语境中，武术文化守正创新应在与现代竞技体育文化的话语角逐中，超越文化移植，超越技术诉求，坚持以文化为心性的本源。现代性导致传统武术发展出现社会适应问题，如形式转变、价值冲突等。这一系列问题导致出现了武术文化异化、竞技武术与传统武术发展不均衡等。我们可以反思和批判传统武术，但是不能丢失"本质"和"初心"，"纵观近年来整个关于传统武术回归的研究成果，都对 20 世纪以来的中国武术发展中'去传统'的问题提出了不绝于耳的批判。但令人气馁的是，这些讨论并没有从根本上改变中国武术'去传统'的困窘"[2]。"在社会发展过程中，传统与现代性是一对不可避免的矛盾统一体。传统武术与竞技武术的关系犹如传统与现代性之间的关系，其争论将长期存在"[3]。传统武术与竞技武术既存在着历时性的关系，也存在着共时性的关系。二者有着各自的技术体系、训练方式和表现形式，相互无法取代。传统与现代是相对的，并不是绝对的对立。正如书圣王羲之所说的，"后之视今，亦犹今之视昔"。传统是一个发展的范畴，它具有由过去出发，穿过现在并指向未来的变动性，它是作为过去延续的现在，是一个正处

---

[1] 李咏吟. 审美与道德的本源[M]. 上海：上海人民出版社，2006：15.
[2] 王岗，赵连文，朱雄."再发现"与"再出发"：中国武术发展的文化反思[J]. 体育学研究，2019，2（2）：6-14.
[3] 李小进，赵光圣. 中国竞技武术本源问题的再认识——兼论中国武术的现代化转型与发展[J]. 中国体育科技，2018，54（1）：11-17.

于发展中的、可塑的东西[①]。追溯传统武术的原初面貌和本真样态,从历史的时空里,给传统武术再祛魅和正本清源,走自适应和对外适应的健康发展之路是当下武术发展的可选路径之一(避免神秘化)。

众所周知,传统的武术比试既是智力与体力的比拼,也是风范和风骨的张扬。通过比试,不仅可以切磋技艺高下,还能展示一个武者的修为及其对生命的感悟。因此,传统武术在现代的演绎中还需自觉地、有选择性地坚守。鉴于此,武术创作人员要建立一种理论共识,那就是回归武术的原生态,保持传统武术的优良传统。奥斯瓦尔德·斯宾格勒[②]在《西方的没落》中说:"每一种文化都以原始的力量从它的土生土壤中勃兴起来,都在它的整个生活期中坚实地和那土生土壤联系着。"正如邱丕相教授所说:"我曾多次提到过,运动队要像音乐家采风一样向民间学习,现在运动员在竞技比赛时所演练的套路中的拳脚技术已经很匮乏了。民间武术中存在着大量的技击方法,不同地区的技术风格各异,不同省市的运动队应该到当地民间汲取经验。"[③]武术创作人员只有深入基层、深入民间,放下架子、接接地气,与民间武者平等交流、取长补短,才能创新出与众不同的武术,才能摆脱现代竞技体育的框框,发现武术新的绿洲。例如,可通过少数民族运动会,与当地民风、遗俗的通用样式相结合,打造传统武术的另类发展空间——从民间来到民间去。另外,国家体育总局武术运动管理中心提出,开启竞技武术套路动作库,收录具有源流的传统武术技法,旨在引领武术技术发展方向,弘扬中华优秀传统文化。启用竞技武术套路动作库,突出武术技击本质与拳种特色,有助于武术在现代化中突破西方体育文化的框定。因此,相关部门可以引导民间武术家参与竞技武术套路动作库的更新与动态调整工作,实现武术传统与现代的交融。

(二)传统文化内质的优势

任何一个国家和民族文化的传承发展都是在原有的文化基础上进行的,没有传统的文化是没有根基的文化,不善于继承就没有传统[④]。发展武术,一个关键问题是如何认识传统。李龙[⑤]提出了"视域融合"的传统武术发展观,其要旨是协调

[①] 叶朗. 现代美学体系[M]. 北京:北京大学出版社,1988:330-331.
[②] 奥斯瓦尔德·斯宾格勒. 西方的没落[M]. 齐世荣,田农,林传鼎,等译. 北京:商务印书馆,1963:39.
[③] 杨建营. 深陷困境的中华武术的发展之路——邱丕相教授学术对话录[J]. 体育与科学,2018,39(4):18-25.
[④] 李扬,石琨. 城市文明如何可持续发展[N]. 文汇报,2009-11-13(3).
[⑤] 李龙. 诠释学视野下的中国传统武术发展观[J]. 北京体育大学学报,2009,32(10):8-11.

好传统与现代的关系。郭玉成[1]认为，传统武术的发展应走"文化回归"之路。栗胜夫[2]认为，武术的发展要坚持传承发展的原则，要阐释武术的高尚理念、张扬武术的育人功能。骆红斌和方国清[3]认为，要打破传统武术文化与现代竞技武术文化中二元对立的断裂思维僵局，持续武术的文化传统，实现武术的传统与现代的和谐对接和延续。颜辉萍等[4]认为，传统武术要与时俱进、大胆创新，适应新时代的发展需求。

诚然，传统武术能够走到今天显示了其强大的生命力，它具有与时俱进的文化精神。如果人为强行地阉割，则必定破坏传统武术的自身发展规律和思维惯性，会造成不可挽回的历史遗憾。武术传统是武术得以为武术的根本，是武术区别于其他武技（如拳击、跆拳道等）的独到之处，也是武术区别于舞蹈、体操等体育项目的特殊所在。没有一个时代、没有一个民族，不曾感受到传统的力量[5]。传统是身份的证明，是一种文化指纹，如果丢弃武术传统去无原则、无底线地搞所谓的创新，那是很危险的事情，有可能像古希腊、古罗马、古埃及的文明，成为永远的历史，走向万劫不复的境地。武术的传统并不是简单的器物层面的，还有制度和精神层面的，这些里面虽有一些时代糟粕，但精华还是主流，因此应该辩证地继承，不可全盘否定或者弃之不用。

20世纪在中国社会现代性的快速革新进程中，长期受到传统社会压抑的人们似乎有些极端，认为只有丢了传统才能彰显现代。于是乎，武术在形式上一味修剪自己甚至是投其所好、削足适履。但是这些"作为"并未换来社会大众尤其是西方受众的广泛认可，反而使武术在现代化中渐渐迷失自我。全球化时代，是文化大交流、大发展的时代，武术要走出去，就必须有自己独特的东西，这就是传统的优势。在莫斯科圣彼得堡2020年奥运会备选项目竞争中中国武术的再一次落选，说明武术自身还有不尽如人意的地方（尽管有可能出于政治或者经济等原因），需要进行重新审视和修正。武术，特别是传统武术与文、史、哲、理、医诸多学科有着相互渗透和借鉴的关系，今天的传统武术是经过数千年大浪淘沙而保存的技术形式和精神内核，具有巨大的文化感召力，是一切武术形式的基础和坚强后

---

[1] 郭玉成. 传统武术在当代社会的传承与发展[J]. 上海体育学院学报，2008（2）：51-57.
[2] 栗胜夫. 论2008年北京奥运会后中国武术的发展方略[J]. 体育科学，2008（9）：80-88.
[3] 骆红斌，方国清. 关于中国武术发展中文化断裂现象的思考[J]. 上海体育学院学报，2008（3）：67-70.
[4] 颜辉萍，张宗豪，李龙. 全球化背景下传统武术发展问题的思考[J]. 搏击（武术科学），2007（9）：3-5.
[5] 朱维铮. 音调未定的传统[M]. 杭州：浙江大学出版社，2011：11.

盾。单纯地追求"高、难、美、新",把最新、最现代的东西当作最先进、最有价值的东西将失去武术"传统"这个源头活水的滋养。

（三）现代外显形式的作为

传统不一定都好，传统有社会淘汰的过时因子存在；现代不一定不好，现代有势不可当的流行因素产生。对于武术的传统与现代应该辩证对待。

在现代社会中，任何一种文化想要得以延续和发展，都必须以当前社会的价值取向为依据，都需要迎合当代社会的需求对自己的形式和内容做出相应的调整[①]。作为一种文化的武术，它要谋求发展，需要对自己的价值取向、审美趣味做一些调整；要适应时代，不能抱残守缺，一味留恋传统。视觉文化时代，首先应该注意包装打造武术的外在形美，吸引大众来观看，其次引领大众领略武术的内在精髓。竞技太极拳（"快太极"）（图5-9）采用多种现代化手段刺激人们"业已疲劳"的审美阈值，满足人们的审美情趣和价值取向，收到了很好的效果。

图5-9　竞技太极拳（"快太极"）

作为中国传统文化重要组成部分的武术，它的服装要时尚且艺术地体现出武术传统的文化内涵。例如，可通过舒适得体而又绚丽多彩的服装体现武术的美善统一，通过淡雅清新而又柔和自然的服装体现武术的清静无为，等等。另外，服装图案必须注重美观且富含文化底蕴。因此，可选用龙凤呈祥、岁寒三友、梅兰竹菊四君子等既能彰显中国人传统的审美情趣又能满足当代受众审美心理的经典样式。还可以利用高科技的人工智能手段，彰显传统武术的人文精神，在现有的生态环境中创造出传统武术的战斗场景或训练条件，使传统武术不脱离现实生

---

① 王鸣骏. 文化学视野下当代中国武术发展的思考[J]. 成都体育学院学报，2013，39（5）：44-47.

活。例如，可以借助各种高科技手段模拟真实生活场景（如狭窄的小巷、泥泞的洼地、霓虹灯下等），并使参与者处于相对安全的环境中进行技击性打斗，从而显示出人的"本质力量对象化"，即源于生活而又高于生活的武术美。

总之，当代武术需要处理好传统与现代的二元关系，全新演绎出现代风格和传统韵味相结合的武术审美新范式。

（四）传统文化内质，现代形式表达

传统并不是一个僵死不变的范畴，传统也在不断发展，它需要吸收现代元素，融入现代社会。众所周知，武术传统是在特定历史时空下形成的，完全移植到现代，势必造成消化不良。因此，应该将武术传统进行时代解码，再编码，大浪淘沙取其精华，这样"去瑕存瑜"和"有效翻译"后的武术传统才有可能融入现今社会。这就面临着武术传统的时代创新问题。武术过时的东西需要吐故纳新，但是任何超越和创新都不能在传统之外完成[①]，武术传统在现代的时尚演绎中还需自觉地进行选择性继承，那种只考虑视觉文化的影响，不顾自身传统，一味追逐时尚完全抛弃武术带给人的精神愉悦和人文滋养的做法万万不可取。在这方面，舞台剧《功夫诗·九卷》（图5-10）的做法就非常值得借鉴，它通过身体语言诠释着传统文化，真正地将现代的艺术和武术的精粹结合起来，使武术既不"复古"也不"轻浮"。

图5-10　舞台剧《功夫诗·九卷》

---

① 龚鹏程. 中国传统文化十五讲[M]. 北京：北京大学出版社，2006：316.

第五章　审美现代性批判视域下的当代武术发展

因而,当下的竞技武术(包括散打)可参照功夫舞台剧或者现代杂技和民族舞蹈的成功经验,进行样式创新,灵活运用现代社会的商业运作,选择性地以现代形式展现,打造一个现代化的传统武术。可在相关比赛中尝试采用新模式,在原有打练结合的基础上增添"演"的成分。通过舞台的搭建,以及音乐、灯光、服饰的配合,加之各种声效的夸张渲染,使传统的武术更接近大众的审美习惯和审美趣味,这样创生出的"新形式"武术必定会广受大众欢迎。但必须强调,武术应该根据自己的历史传统、文化传统来构建一个"新适应"。在现代化的同时要节制一些"坏"思潮(尤其是神秘化的发展取向),不能把它变成"非武术"。

简言之,视觉文化时代,人们的思想观念和审美情趣发生了较大变化,武术需要在保持原有传统优势基础上添加现代元素。探索自己的新大陆,紧靠传统的单一"打"是不行的,要通过多部门联合作业,学习国外的先进经验把武术包装起来,考虑观众需求,增加表演样式、增强创新意识、树立品牌理念。深入挖掘武术特有的文化底蕴,结合杂技、音乐、舞蹈等多种艺术形式,通过多媒体等高科技手段,打造既充满浓郁中国文化特色,又不失现代时尚气息的"和谐"武术。

四、立己达人,守正创新:武术在同质化过程中要坚持本土文化的立场

"立己达人,守正创新"是避免武术同质化发展的有效手段。武术发展中的"立己达人"要坚持武术的民族个性和本土文化立场,促进人类文明的交流互鉴;武术发展中的"守正创新"要坚持武术的文化主体性,体现出文化差异性,吸引更多人关注的目光。

(一)坚持武术的文化价值

"文化"既凝结在物质之中又超脱于物质之外,是能够被传承的国家或民族的历史、传统习俗、风土人情、思维方式、价值观念……[1]。武术的"文化"是数千年来武术在中国传统文化沃土中形成的,是受到传统思维熏染而在技术范式、审美方式、价值取向等方面积淀的精髓,它体现的是一种"自强不息、厚德载物"的民族精神;它已经脱离了单纯的外在技术形式而作为一种肢体语言承载着中华民族的文化要义。

当代出现的艺术武术、媒介武术已然成了传播武术文化的一种重要载体(如

---

[1] 董金花. 从体育文化视角思考传统武术文化的流失及对策研究[J]. 当代体育科技,2015,5(20):208-256.

功夫舞台剧等)。有研究者指出，推进"艺术武术"是全面实现武术大发展的希望之门[①]。应该说，以艺术的形式展现武术的文化内涵，将武术的传统文化内质用当代的艺术形式进行表达，是适应社会发展需要的表现，也是符合大众审美趣味的理性选择，它有效地规避了传统武术古朴、简单的演练风格和单调、乏味的审美方式（与视觉文化时代的审美方式相比）。

另外，当今的视觉文化时代，一切都善用"图像"的方式进行呈现，"快速、直观"的浏览方式取代了"品味、体悟"的传统审美方式。在此情境下，武术也要应时而变，大力打造武术的图像文化，以适应现实社会的审美需求。当下武术的发展需要借用"新媒介"造势，将"媒介武术"视为武术发展的另类生长空间，充分利用视觉文化的平台及传播优势，传宣武术的文化价值，深化人们对武术的理性认知，扩大武术在世界范围的影响力和品牌效应。

近年来，随着西方审美现代性的不断深化，以及当代社会人文价值出现的认同趋势，中国的国学开始复兴并逐渐受到热捧，宣扬"孔孟之道"的孔子学院在国外获得了广泛认可便证明了这一点。武术也属于国学（众所周知，武术从不同角度诠释了中国传统文化的价值观、审美心理及思维方式等），但遗憾的是，关于这一点很多人没有认识到，认为武术就是体育行业的事，长期围武术于体育范畴。如此定位，必然缺少大制作、大气魄与大手笔。现代武术缺乏文化认同已是不争的事实。它的哲理、精神、思想、价值等并没有被充分地发掘出来——武术文化之"常"更多是向传统回归、回归武术传统。因此，武术的文化认同很重要，这不仅是一个意识问题，还是一个态度问题。

应该说，武术文化认同感来源于武术的文化自觉与文化自信。中华文化五千年历久不衰，就是缘于这种内在的文化自觉与文化自信。武术要想获得长久发展，其文化自觉与文化自信一定要经得起西方的文化冲击和历史考验。既不能像竞技武术套路那样深深陷入奥运模式的怪圈，追求西方的外向型文化（西方竞技体育追求外在的"高、难、美、新"），偏离了传统武术所追求的精神内核（中国武术追求内在的含蓄蕴藉），变成了空洞的肢体表演、无根的技术比拼，渐渐异化为了另类文化（不注重对传统武术技术的积累和融合，更多以西方奥林匹克体育的范式来借鉴"更高、更快、更强"理念的时候，事实上就已经走上了一条脱离中国武术基本精神内核和思想的道路[②]）；也不能像有些武侠影视剧或者武术动漫剧那

---

① 王岗, 吴松. "大武术观"视域下的中国武术发展路径研究[J]. 北京体育大学学报, 2013, 36（9）: 19-25, 40.
② 何丽红. 知识生产：当代武术发展的动力学解构[J]. 北京体育大学学报, 2016, 39（4）: 45-49, 59.

样,为了迎合部分受众的低级趣味,大肆渲染武术的暴力情节,不惜误导青少年对武术的认知,遮蔽、弱化、误读武术文化的博大精深,以及教人向善、不争无为的价值理念。

邱丕相和马文友[1]指出,当代人要守护武术的精神家园,保持它的基本品格。这里所说的"精神家园"主要是指武术的文化价值,是指武术数千年积淀的精髓与灵魂。从古至今,武术的主流文化价值——厚德载物、上善若水的教化理念,海纳百川、崇尚和谐的精神主旨等一直受到人们的青睐;因此,武术形成了光辉熠熠的武德文化、独树一帜的套路形式,以及修身养性、身心一统的不二法门。当下,彰显武术文化内涵、续写武术文化魅力、固守武术文化阵地、传递武术文化正能量,已经成为抵制西方体育入侵和精神同化的当务之急。

(二)坚持武术的文化主体性

关注武术发展的自身价值和文化主体性,不能因为受到西方体育范式、西方体育思想的影响,就偏激、盲从,无底线地文化模仿、文化复制、文化移植,远离自身的"原生态",而被体育化、被西化。当代武术发展需要标准化,但需明确这个标准是以什么为标准的,是谁定的标准。在这个标准化的过程中,武术自身价值要保留,武术文化的主体性要保留,武术的传统要保留。正如有学者指出,中国武术需要"度"与"法"的限定,这种限定不是阻碍其发展的束缚,而是维系其文化传统、技术传统的关键[2]。中西体育文化交流互鉴是武术发展的原则立场。"坚持交流互鉴、开放包容。以我为主、为我所用;取长补短、择善而从;既不简单拿来,也不盲目排外"[3]。这是文化交流的平等原则,也是武术发展的基本原则。文化模仿和文化移植只能成为文化"矮子",永远成不了文化"巨人",只有坚持创造性转化和创新性发展,走出一条独立自主的发展道路,新时代的武术才能迎来属于自己的春天。

有研究者提出,面对中国武术体育化、奥林匹克化的近一百年的变革,当下的中国武术应该选择"一切归零"的理念,并在这种理念的指导下,在"再发现"

---

[1] 邱丕相,马文友.武术的当代发展与历史使命[J].体育学刊,2011,18(2):117-120.
[2] 王岗,吴松.中国武术发展的当代抉择:"求同"乎?"求异"乎?[J].南京体育学院学报(社会科学版),2010,24(2):35-39.
[3] 中共中央办公厅,国务院办公厅.关于实施中华优秀传统文化传承发展工程的意见[N].人民日报,2017-01-26(6).

的基础上,重新起航,重新出发[1]。这种观点虽有其合理性,但"一切归零"的理念尚有过激之嫌。文化具有延续性,一切归零、全盘否定未免不切实际。邱丕相[2]曾指出,"中华武术受到中国多种传统文化的影响、渗透和制约,成为一种具有多元价值和功能的运动艺术。历史的延续性和不间断性,以及门派众多、内容丰富具有多元功能,是武术文化的两大特征"。因此,在摒弃与延续武术文化的基础上进行适当调适才是明智之举,"再出发"也应是一种辩证的扬弃。用西方的评价标准来度量武术发展是一种文化倒退行为,武术发展要恪守文化主体性的原则和立场。中国武术独特的技术表现、独有的价值追求、独立的文化形态,是西方体育和世界其他武技所不具备的;站在西方体育场域来评价、阐释中国武术是不合时宜的。王伟光[3]在《人的精神家园》一书中写道:"所谓价值评价,就是人们在把握对象的基本信息的基础上,根据自己的目的、利益需要等尺度,对对象的好坏、利弊、善恶、美丑等加以评价、估量,或者说,对对象有没有价值、有什么价值进行判断、比较。"中国武术与西方体育不同,价值取向的显现过程也是中国武术文化自觉的觉醒过程和文化自信的建构过程。冷静之后,需要深刻反思未来武术的发展走向,那就是在全球文化同质化的趋势中必须坚持武术的文化主体性。

(三)坚持武术的本土文化

事实上,"在西方主导的全球化席卷整个世界,以致历史终结论和文明冲突论显赫一时的今天,异质文化间的平等对话更显必要。不同的思想传统、价值体系和文明典范都应该也可以在人类共同体的融构中起到建设性作用"[4]。

当代文化虽然呈现出多元化发展趋势,但是不能没有文化发展的主基调。"在当代文化的文化定位这个文化发展的基本问题上,当代中国文化重要课题在于在自身创新中寻找一种国际性的'审美共识'。将本民族传统的审美空间扩散到更大的现代文化空间中去,形成一种国际性文化审美形式通感或基本共识。这就要求我们要借鉴西方一些现代艺术的形式通约,融入本土文化内容,使之充实而具备

---

[1] 王岗,赵连文,朱雄."再发现"与"再出发":中国武术发展的文化反思[J].体育学研究,2019,2(2):6-14.
[2] 邱丕相.对罗玲娜"中西文化比较视角下的中西武术及中华武术的西方推广"一文的述评[J].体育科研,2013,34(1):47-49.
[3] 王伟光.人的精神家园[M].北京:人民出版社,中国社会科学出版社,2014:47.
[4] 周与沉.身体:思想与修行——以中国经典为中心的跨文化观照[M].北京:中国社会科学出版社,2005:绪论,15.

现代形式的美感"[1]。武术作为东方身体文化的典型代表,应该发挥出传统文化的特色和底蕴,彰显内蕴的文化因子。民国时期的武术,在"土洋体育"之争中,在"赛先生"和"德先生"主流意识形态的影响下,将自身框定在了体育范畴内,走向文化模仿的境地。"以西改中""以西评中"的范式不可取。"众所周知,由于文化上的差异,在我国体育科学研究方面,长期以来我们总是用西方体育文化的种种要义和西方体育的知识体系来审视和评价着中华民族的身体文化。这种现象持续了一个世纪,坚守了几十年"[2]。其实,中国"三和文明"应同西方"三争文明"互补。"西方的'三争文明'认为:人我之间是竞争,群体之间是斗争,国际之间是战争;中国文化是一种和谐文化。中国文化的内在精神是'三和文明'——在家庭是和睦,在群体社会中是和谐,在国际间是和平"[3]。例如,奥林匹克运动是追求人类身体极限的体育运动,表现的是一种外显夸张的文化品格,与追求内隐含蓄、身心和谐的武术文化存在差异。在西方体育文化的影响下,中国武术遗失了许多文化精髓。例如,"手眼身法步,精神气力功"的内隐含蓄表达被外显夸张代替,武礼、武德、尚武精神在竞技武术中出现断层与淡化等。同时,中国武术违背了身心和谐的价值追求,如武术运动员膝关节损伤等情况较为普遍。中国武术不应再亦步亦趋地追逐西方竞技体育潮流,应该批判与扬弃西方现代性及审美现代性的低俗性和虚无性;应该把体育强国和文化强国的建设与武术文化的"内扩外交"方略联系起来,在构建人类命运共同体的目标感召下,将武术文化的和谐精神播撒向整个世界。

(四)坚持武术的民族个性

今天,中华武术吸收借鉴西方竞技体育的长处无可厚非,但关键要坚守中国文化超强的包容和改造精神,要对吸收的外来东西(包括思想和器物)进行消化,要"化"得有思想、有品格。这样才能在时代的浪潮之中不致迷失航向,始终坚守武术的文化阵地,成为独立思考的舵手。

武术是在中华五千年文化熏染下形成的,有着悠久的历史、传统和鲜明的身份特征。但是,由于中国近代社会相对落后,国人心理出现了变化,一味模仿西

---

[1] 王岳川. 从"去中国化"到"再中国化"的文化战略——大国文化安全与新世纪中国文化的世界化[J]. 贵州社会科学, 2008(10): 4-14.
[2] 池建. 写在"民族传统体育学"栏目开设前面的话[J]. 北京体育大学学报, 2017, 40(1): 116-118.
[3] 王岳川. 从"去中国化"到"再中国化"的文化战略——大国文化安全与新世纪中国文化的世界化[J]. 贵州社会科学, 2008(10): 4-14.

中国武术审美现代性批判与当代发展

方竞技体育致使中国武术出现了身份认同的危机。近年来，随着中国的崛起，人们的认识有了很大改变，开始重视国学、回归传统，武术也开始增强这方面的文化自觉。

庞朴[①]曾指出："真正代表各民族文化传统的，恰恰是那些专属于该民族、使其得以同其他民族区别开来的那些基本成分。"武术传统就是武术区别于他族他物的文化身份和指纹，是从思维方式、文化价值、精神思想等方面固本溯源、凸显特色。武术推翻或者抛弃传统就是自取灭亡。虽说武术传统是一个动态的范畴，亦有变化；但是要做到有"变"有"化"，不能一味地吸收、模仿而没有进行必要的改造和消化。自20世纪30年代的"土洋体育"之争以来，武术想依靠抄袭模仿西洋文化来救自己，于是乎，从模式到内容都一边倒地倾向于西方竞技体育。殊不知西洋是"外露的文化"，而我们是"内蕴的文化"[②]。外露的文化重形式、物质方面；内蕴的文化重内容、精神方面。所以说，武术在变化过程中不能丢掉根本，要把精神方面（传统）的优势凸现出来，而不是跟在西方竞技体育后面亦步亦趋，丢失本我。

尊重文化多样性既是发展本民族文化的内在要求，也是实现世界文化繁荣的必然要求[③]。只有多样性才有交流的价值，全球化时代，更要保持武术自身文化的民族个性。2014年9月24日，习近平总书记在纪念孔子诞辰2565周年国际学术研讨会暨国际儒学联合会第五届会员大会开幕会上提出："每一个国家和民族的文明都扎根于本国本民族的土壤之中，都有自己的本色、长处、优点。我们应该维护各国各民族文明多样性，加强相互交流、相互学习、相互借鉴，而不应该相互隔膜、相互排斥、相互取代，这样世界文明之园才能万紫千红、生机盎然。"笔者以为，维护民族多样性就需竭力保护自己的个性不被同化。文化是多元的，文化是演变的。鉴于此，武术一方面要坚持自己的特色，不被其他文化同化，保持鲜明的一元；另一方面要适应变化，在变化中求生存、求发展。面对"西学东渐"，武术既不能全盘西化唯竞技体育马首是瞻；也不能故步自封唯我独大止步不前。唯一可取之路是，在世界风云变幻之中不迷失自己；在武术改造创新之中不数典忘祖。

---

① 庞朴.文化传统与传统文化[J].科学中国人，2003（4）：9-11.
② 钱穆.中国文化精神[M].北京：九州出版社，2011：128.
③ 单世联.文化多样性的内在结构和意义内涵[N].中国社会科学报，2014-6-18（B04）.

第五章 审美现代性批判视域下的当代武术发展

（五）坚持武术的文化差异性

经济全球化的一个直接后果就是文化上的全球化或趋同现象，西方世界的文化价值观模糊了其他国家或民族原有的文化身份和特征。这些使得中国这样的发展中国家在文化上出现了模仿和跟风趋势，武术审美文化也出现了不同程度的"西化"。武术在民族性与世界性的二元关系中应始终秉承"只有最富有民族特色的，才更具有世界的意义"[①]的宗旨，立足本土、放眼世界；要坚持对话原则，充分考虑武术世界性和民族性，保持二者合理的辩证张力。中国文化与西方文化同为世界两大文明体系，中国武术与西方竞技体育本不是差距的问题而是差异的问题。全球化既不能泯灭不同文化的价值基点，也不能锁定人类未来可能的发展方向[②]。武术未来发展只有从自己的文化传统中找出闪光点，才能走出一条迥异的康庄大道。

加拿大传播学者麦克卢汉最早提出"地球村"的概念，认为大众传播媒介使得传统的时间和空间界限被打破，整个地球仿佛变成了一个村庄。世界是"你中有我，我中有你"，不可能封闭独处。尊重差异性文化是世界真正和平共处的重要基础，东西方文化互补是人类社会的最大幸福。武术的民族性、差异性正是武术国际竞争力的一大体现，是武术维系生存发展的价值所在。武术的东方体育文化符号绝不能丢弃。同时，当代武术一定要借鉴国外武技的成功模式，从中汲取有益的经验，加以吸收为我所用。例如，跆拳道的礼仪教化与身体文化相结合，瑜伽的肢体动作与呼吸意念相结合（图5-11），等等。它们都是根据现实社会的需要（礼仪缺失、快节奏的生活导致身心紊乱）而有所偏重和凸显。武术中也有很多有价值的东西（尚武崇德、虚怀若谷、不争无为、内敛含蓄），只是在现代性和审美现代性的急速催逼下，在"只见树木不见森林"的情况下，顾此失彼或曰急功近利才没有充分发挥出武术的"大美"。因此，当下武术迫切需要"自我发现"，而不应泯灭自我的闪光点去求与西方同一。

由上述内容可见，在武术的"西化"与"回归传统"二者之间对抗或者有失偏颇，都不是新时代的最佳选择。求同存异，只有在本土化和全球化之间达到微妙的协调，建立一种良性的参照系才是英明之举。例如，武术对西方体育器物层面可以借鉴，对自己的思想和境界层面则要保持，要确立自己独特的文化身份和

---

① 许共城. 中国当代审美文化发展的新趋向[J]. 哲学动态，2008（6）：100-104.
② 周与沉. 身体：思想与修行——以中国经典为中心的跨文化观照[M]. 北京：中国社会科学出版社，2005：绪论，15.

精神禀赋，不能再唯西方竞技体育所是从，对武术随意地进行着"西医手术"；要通过"和而不同"的文化精神和价值取向构建一座通往"美美与共"的多元并存的立交桥，有效防止体育领域审美文化的单一性和同质化。

图 5-11 跆拳道的礼仪教化与瑜伽的肢体动作

五、理性认知，正确对待：审美现代性批判视域下当代武术发展的总纲

通过以上四种实践路径的探讨，我们发现，审美现代性批判视域下当代武术发展是一个否定之否定的永无止境的进化过程，亦是武术文化自觉后自身文化演进的必由之路。理性认知和正确对待武术的审美现代性，对于当代武术的创新发展及文化生态建设均具有一定的启示和推动作用。

（一）审美现代性批判视域下当代武术发展是动态变化的过程，需构建和谐共生的发展模式

讨论当代武术发展，必须具有一种历史的眼光和智慧，必须能够把握武术从传统走向现代的基本脉络。随着社会的巨大变革，当代武术的内容和形式都发生了历史性的改变，出现了审美心理结构中的"以新代旧、新旧共存"现象，表现出来就是武术现代发展与传统回归交错更替、博弈不断。

正如有学者指出，当下中国武术面临选择回归传统还是继续现代化等问题引发的一系列问题域，应该关注和重视[①]。诚然，20世纪70年代末到90年代中期，不乏传统武术回归、回归武术传统事件——散打运动被恢复、武术本质再讨论等。人们又开始呼唤武德重于武技，强调打练结合，增添功法练习，等等。中国武术

---

① 薛浩，郑国华，喻和文. 从叙事史到结构史：近代以来中国武术史研究的反思与转向[J]. 上海体育学院学报，2022，46（9）：73-89.

第五章 审美现代性批判视域下的当代武术发展

的"重和谐""重教化""重技击"的思维理念似乎重新回到了大众视野。但是这种种努力都没有改变主流武术的艺术化发展方向,尤其是 20 世纪 90 年代中后期视觉文化的兴起和奥运计划的实施(主推竞技套路),更加加剧了这种趋势。现代社会不断充实武术的内涵及扩大武术的外延,武术与艺术交叉衍生出的艺术武术就是一种时代新产物,它体现了武术的与时俱进性。诚如前国家体育总局武术运动管理中心主任高小军[1]所说:"跟上时代发展的脉搏,顺应武术发展的基本规律,确立了树立大武术观工作方针和加快武术标准化建设的指导思想。"大武术观不仅仅将武术囿于体育范畴,它还广泛涉猎艺术、审美等领域。舞武同源论,古已有之[2],今天我们应该尊重武术发展的历史规律和价值选择。

由上述内容可知,每个历史时期的武术都有不同的价值取向,它会根据社会发展需要不断调整,从技击价值、健身价值、教育价值、娱乐价值、审美价值的变化规律看,基本与马斯洛的需要层次理论相一致。这是事物发展的内在规律,非人力所能左右。但由于思维惯性,对新出现的事物总是在"适"与"不适"的情怀中摇摆,当代武术发展才会表现出传统与现代交织的二律背反。对此,我们要理性对待并正确引导,采取"宜疏不宜堵"的发展策略及"和谐共生"的发展模式。例如,攻防技击是武术最本质的属性,然而在和平发展年代、在法治德治并举的社会语境下,这一属性仅局限特定的专业范围内使用,因而,应该具体问题具体分析,对武术进行有的放矢的转化和创新,以适应社会发展的现实需要。

(二)审美现代性批判视域下当代武术发展是文化自觉的表现,应彰显独具特色的文化生态

当下,由于传播界域的变迁、意识形态的挤压、大众娱乐的多元化、传统观众的被分流等诸多原因,传统武术无奈地沦为一种边缘化的弱势文化形态,更多地作为非物质文化遗产进行保护。然而,今天的武术并不是无路可走。在新的历史形势下,武术已经找到了它的出路——朝着表演性的方向发展,并呈现出了潜在而巨大的生命力[3]。为此,可以尝试从以下两个方面进行,以彰显出独具特色的武术文化生态。

---

[1] 高小军. 珍惜机遇 同心合力 努力开创武术事业推广新局面——在第七次全国武术工作会议上的报告(2014 年 2 月 25 日)[J]. 中华武术(研究),2014,3(3):6-17.
[2] 李北达. 舞武同源论[J]. 中华武术(研究),2013,2(1):16-25.
[3] 孙东艺. 功夫[M]. 重庆:重庆出版社,2007:146.

1. 秉承"交流融合，文化自觉"的思想不断推进

卢元镇[①]教授指出，武术作为一种文化，它要通过交流、融合来发展，通过选择、变异来适应。整体而言，当代武术发展表现出了从一元整合向多元交叉过渡、从政治文化向消费文化转变、从精英文化向大众文化转变、从排他性文化向并存性文化转变等。例如，功夫舞台剧、武术动漫剧等武术新样式的不断出现，打破了传统武术大一统的发展格局；武术由原来的政治外交手段（20世纪70年代）变成了全民消费的娱乐产物（20世纪90年代）；从金字塔尖里面少数人自娱自乐的精英文化转向了以视觉文化为载体的全球共享的大众文化；从土洋体育水火不容的民族传统体育文化向民族与世界、东方与西方、传统与时尚并存一体及互相融合的文化形式转变。"变""常"有序，万变不离其宗。2023年10月7日，全国宣传思想文化工作会议在北京召开，习近平总书记对这次会议做出重要指示，提出"着力加强党对宣传思想文化工作的领导，着力建设具有强大凝聚力和引领力的社会主义意识形态，着力培育和践行社会主义核心价值观，着力提升新闻舆论传播力引导力影响力公信力，着力赓续中华文脉、推动中华优秀传统文化创造性转化和创新性发展，着力推动文化事业和文化产业繁荣发展，着力加强国际传播能力建设、促进文明交流互鉴"。接下来，我们要结合习近平文化思想提出的"七个着力"战略部署的要求，发挥武术的民族特色、利用武术的文化优势，在各类武术样式中重新建构历史认同的、人们接受的、积极适用的"尚武崇德"文化精神，厘正日益离弦走板的"尚武崇德"及其内涵的现实要求，推动中华优秀传统文化创造性转化、创新性发展。20世纪中叶以来，武术发展正经历着由传统走向现代的历史转型期，在浮躁、功利的快节奏社会背景下，部分习武者舍本逐末、急功近利，忽视对传统武德思想的修养体悟，出现了像闫F隔空击人、徐L约架等武术失范、武德失序现象，错误地将武术的审美价值定位在表面的技击能力而非深层的精神教化。有研究者指出："武术基于中华文明伦理特色，秉承'拳以德立，无德无拳'的理想信念，始终推崇道德教化及伦理秩序，积聚形成的丰富道德智慧理应在新时代为我国公民道德建设乃至全球伦理发展贡献力量。"[②]由此，我们要树立武术文化自信，形成武术文化自觉，站在新时代的立场，从国家意志和武术发展实际出发，融合社会主义核心价值观的理念，对传统武德思想进行去

---

① 卢元镇. 中国武术竞技化的迷途与困境[J]. 搏击（武术科学），2010，7（3）：1-2.
② 李守培，李朝旭. 论新时代中华武德的构建[J]. 文化遗产，2022（2）：51-58.

第五章 审美现代性批判视域下的当代武术发展

芜存菁，构建出重"礼德"守"诚敬"、崇"和谐"尚"仁勇"的当代"尚武崇德"八字精神，服务于各类武术习练者的日常生活实践。

2. 秉承"顺应潮流，适时而变"的思想给予接纳

"时尚的流行使身处不同文化与国度的人表现出审美习惯上的趋同性。今天我们面对的审美文化不单是全球化语境下的审美文化，而且是全球化了的审美文化"[1]。一般而言，武术传承与发展的受众群体多为青年人，武术推广与传播的受众群体多是外国人，只有充分考虑这些人的审美需求，武术才有更好出路；不能一味抱着传统观念和陈旧思想，狭隘地提倡武术的民族性和传统性。传统是一条永不休止向前流淌的河，经典的太极阴阳理论也开始与"快太极"动作一道在世界各地深入人心，这是中西美学共融的典型表现。一件事物要让人们接受它，首先要让人们感受它；通过练习太极拳动作技术开始接触到深奥的太极理论，对于深奥而富含哲理的太极理论的感知，又进一步催生了不同肤色的人们对于习练太极拳动作技术的浓厚兴趣。这就犹如一针强心剂，既推动了武术文化的国际传播，也排解了传统武术"常被冷落"的尴尬境遇。还有，舞台表演形式的武术类节目，如春节联欢晚会武术表演、大型文艺晚会功夫舞剧、北京奥运会开幕式、南京青奥会开幕式等都将武术动作与现代媒体技术——灯光、音乐、背景、舞美、特效等结合。从审美角度讲，远远超过竞技武术套路和武术大众健身项目的审美体验与感受并使其成为新一轮的时尚，具有潜在的商业价值。例如，河南卫视《武林风》节目自从2004年开办以来，举办了多次中外交流对抗赛，为武术文化产业发展提供了市场前景。武术走上电视、网络这种视觉文化平台，展现了娱乐、竞技相融合的巨大魅力和无限潜力，通过《武林风》培养了大量懂武德、知门派的"武术迷"；它独辟的女子擂台板块，更是刷新了人们眼球，增添了时代亮点，使得武术审美不再疲劳，人们的生活不再枯燥。

第四节 案例分析：从四个不同视角选取案例具体解析

案例分析是对有代表性的事物或典型现象深入地进行周密而仔细的研究，从而获得总体认识的一种科学有效手段。案例分析有助于理论的具象化，亦有助于

---

[1] 傅守祥. 审美化生存：消费时代大众文化的审美想象与哲学批判[M]. 北京：中国传媒大学出版社，2008：17.

佐证策略制订的合理性与路径实施的可行性。本节分别从现象学视角下当代武术的艺术化诠释、大武术观视域下功夫舞台剧的审美现代性解析、审美现代性批判视域下当代武术发展模式的构建，以及批判视域下当代武术发展的核心理念四个不同视角选取案例进行诠释、解析、构建及策略引导，旨为当代武术的高质量发展提供参考。

一、现象学视角下当代武术的艺术化诠释

案例的选取原则及相关说明：中国武术审美重视"直观"和"体验"，是一种先验的存在。从现象学的视域审视中国武术美学的哲学内涵，从中国武术技能表现的"本质范畴"加以阐述和解构，提供一条从现象学诠释当代武术艺术化的线索是本案例的主旨。

武术的艺术化并不是现在才有的，它是贯穿古今的发展模式，只不过在当代表现得更为明显，表现的形式更加多样化。从上古武术神话中的意象、武舞合一的表意情怀再到程式化的套路武术，无不显示出武术的艺术化脉络。可以说，武术的艺术性是武术的原始属性，是隐含在技击性之中的，是中国人追求"技术艺术化"的思维模式，以及"天人合一"的审美理想、"感性体悟"的审美方式、"意境意象"审美追求的典范。随着冷兵器时代的结束，武术的技击性逐渐被削弱。同时，视觉文化的来临加速了当代武术的艺术化发展趋势。

（一）当代武术的艺术化表现形式

美国社会学家伯格曾经说："如今看得越来越多，看得越多则越是要看，越是要看就看得越来越快。"这可能就是经济学家所谓的"眼球经济"或"注意力经济"。的确，美是感性的，从审美角度讲，为了吸引人的眼球和注意力，就要注意事物华丽的外表和包装打造，同时要体现刺激与变化、激情与速度。正是这些要素大大拓展了当代武术的艺术化表现形式，如武侠影视剧、功夫舞台剧和竞技武术套路。武侠影视剧是以表现武术人物或事件为基本题材，借助蒙太奇等技术手段，来宣扬武侠精神的一种现代产物。它的产生为武术艺术化注入了无限的魅力，运用艺术的夸张手法来呈现社会现象，通过刺激与激情的叙事和表达来满足人的审美需求。武侠影视剧通过武术与艺术的有机结合，使武术精神和艺术魅力相互辉映，武术充实了艺术，艺术宣扬了武术，武术的美借用艺术形式表现出来，艺术的现实意义通过武术载体而大放异彩。功夫舞台剧则是以中国功夫为主要元素，

在舞台等特定环境下现场表演的武术。演员们将武术技术与音乐、舞台背景等诸多元素融为一体,整合出比较理想的视听效果展现给观众。功夫舞台剧是经过艺术加工但又有别于武侠影视创作的新兴事物,它是现场表演、即兴发挥的;既真实又虚幻,既有确定性(事先编排)又有不确定性[①]。功夫舞台剧是近些年逐渐兴起的一种时代新产物。从经济学角度出发,功夫舞台剧是相当成功的,在国内外的数场演出中,均获得了可观的票房收入,具有稳定的市场,它的产生为武术产业发展提供了思路,同时也为武术艺术化开拓了新的路径。竞技武术套路是近代以来受西方竞技体育思想的影响逐步发展起来的。

2004年,随着武术申请入奥的推进,新规则的修订考虑了国内外受众的审美需求,允许武术竞技套路的部分拳种演练可以配乐。音乐与武术动作的融合,使单一的视觉艺术变成了视、听艺术的综合,从而更加丰富了人们感官的享受。同时,为了增强武术的观赏性和艺术表现力,新规则已经放宽了对表演服装的诸多限制。这些变化无不显示了竞技武术套路的艺术化倾向。

(二)当代武术艺术化的因由

1. 视觉文化是武术艺术化的强力引擎

视觉文化的提出最早可以追溯到20世纪初。1913年,匈牙利电影理论家巴拉兹在《电影美学》一书中发出了这样的预言:"随着电影的出现,一种新的视觉文化将取代印刷时代。"美国的贝尔[②]在《资本主义文化矛盾》中指出:目前居"统治"地位的是视觉观念。声音和图像,尤其是后者,组织了美学,统帅了观众。德国哲学家海德格尔[③]也提出了"世界图像时代"的著名表述,指出世界将作为图像被把握和理解。上述研究表明,视觉文化在国外早有研究,并且公认它是一种有别于口传文化、印刷文化的第三种文化传播方式。国内对于视觉文化的研究起步较晚,尤其是将视觉文化视为一种主导性的文化传播形态进行研究,则是进入20世纪90年代才开始的[④]。较早关注这一倾向的是南京大学的周宪[⑤]教授,他指

---

① 马文友,邱丕相. 论武术的艺术化发展趋势[J]. 上海体育学院学报,2010,34(5):51-53.
② 丹尼尔·贝尔. 资本主义文化矛盾[M]. 赵一凡,蒲隆,任晓晋,译. 北京:生活·读书·新知三联书店,1989:154.
③ 海德格尔. 海德格尔选集·下卷[M]. 上海:上海三联书店,1996:899.
④ 丁莉丽. 视觉文化语境中的影像研究[M]. 北京:中国电影出版社,2007:12.
⑤ 周宪. 文化表征与文化研究[M]. 北京:北京大学出版社,2007:111-126.

中国武术审美现代性批判与当代发展

出:"中国文化的现代转变,有一个显而易见的标志,那就是它正在转向一种视觉文化,或者说一种影像文化。"生活在新时代的年轻人,十分热衷于卡通、影视、游戏等图像文化。视觉性已然成为文化主因。后现代图像"压倒"了文字已是一个不争的事实,人们在欣赏事物时,更多的是"看"而不是"品",表现出对事物外观的极度关注。因此有学者说,在当代社会美学变得越来越重要,而且美学的当代意义越来越强调其感性的、外观的和愉悦的特征[①]。在这样的时代和背景下,竞技武术套路应时而变,在动作的刚柔相济、节奏的快慢相间、姿势的抑扬顿挫上,处理得比以往任何年代更加细腻;同时,在演练中或配以平湖秋水、高山流水的音符,或运用峻岭险滩、激流狂飙的乐章来增添美的韵味,以及通过不同风格的表演服装(如"威武霸气、雄浑之感"的长拳服装,"宽松舒缓、自由自在"的太极拳服装)来彰显武术强大的艺术感染力和美学震撼力。所有这些变化都是为了满足审美主体的感官刺激和精神愉悦。另外,受视觉文化审美趋向的影响,即使在以技击为主要目的的散打比赛中,也十分注重包装打造。例如,赛前有个人技能展示,包括服装的设计、音乐的渲染等;赛中时常通过慢镜头的回放与剪辑,放大或夸张技击效果,给人以视觉享受和感官冲击力。应该说,上述这些竞技武术艺术化的表现都是与视觉文化的独特魅力分不开的。

2. 大众的审美情趣是武术艺术化的内驱力

众所周知,中国传统的审美观是以意象理论为基础的。然而,传统的意象及其审美趣味正面临着现代仿像文化的巨大冲击。意象的审美观是一种有距离的静观。静观是指主体欣赏对象时的一种心理状态,一种细细品味的、沉思默想的、凝神的状态。仿像则是另一种样态。仿像与主体的关系是一种直接的即兴反应;非沉思冥想而是直接的心理反应;在仿像的观照中,更多体现的是一种欲望原则[②]。的确如此,随着"看"的需求的逐渐增加,媒体正在不断地制造视觉大餐,我们周围充满了形形色色的视觉符号,如影视、广告等。为了尽可能多地捕捉画面、掌握大量信息,浮光掠影式的欣赏便成了一大特色。正如有学者所言,当下社会目力所及之处均呈现出外观美化的趋向[③]。视觉文化时代,镜头而非"肉眼"作为视觉的代言工具,镜头的"喜好"决定了视觉的观看行为方式。这就赋予了"看"

---

① 周宪. 视觉文化的转向[M]. 北京:北京大学出版社,2008:10.
② 周宪. 文化表征与文化研究[M]. 北京:北京大学出版社,2007:111-126.
③ 陈龙,陈一. 视觉文化传播导论[M]. 上海:上海三联书店,2006:176.

第五章 审美现代性批判视域下的当代武术发展

以全新的内涵,在审美活动中,"看"的主要是"形象",而且在速度上也由原来的慢中体味变成了现今的快速浏览。难怪有些学者称这是一种感性的文化、快餐化文化。受大众审美情趣的驱使,武术也发生了相应的转变。对于这种转变,有学者认为其主要标志是一个新太极拳种类的诞生。郭志禹[①]教授指出:"竞技太极拳在原有基础上艰难地脱颖而出。陈式显刚隐柔的风格成为竞技太极拳的主创基调,拳乐配合是新太极拳成熟的标志。"可以说,新太极拳的出现,更多地体现了人们对感性文化、快餐化文化的追求。竞技太极拳已将原来缓慢、柔和、轻灵为主的运动方式融入了快速、隐柔、显刚的运动方式之中;在原来平面的、弧形的运动路线基础上添加了些许高直、突变的运动路线;从单一平淡的运动节奏演变成了快慢相间的运动节奏;从单纯的视觉感受演变成了视听兼备的复合享受。这些发展渐变很大成分都是为了适应当下人们的审美情趣。

3. 武术艺术化是当下人们减压的一种方式

当今社会,法治与德治并举,促进了社会的平稳健康发展,物质生活空前丰富,人们生活安居乐业、趋于和谐。然而,社会的高速发展,竞争的日益加剧,又使得人们的精神世界处于高度的紧张之中。物质与精神生活步调不一致所造成的人性的扭曲,急需找到化解途径。武术的形成与发展是在满足人类原始暴力欲望的基础上形成的。武侠影视剧正好迎合了时下一些人的心理解压需求,影片通过武术的艺术化所塑造出来的"暴力美"化解了人们内心深处的暴力倾向。武侠影视剧通过"暴力"艺术的加工,将武打动作与场面中的形式感发掘出来,并将其发扬至炫目的程度,用抢眼的表现形式让观众在有意与无意之间忽视对暴力内容的关注,从而把暴力视为转瞬即逝的绚烂焰火。这种经艺术加工的"暴力"(暴力打斗),一方面在感官刺激中宣泄了心中的不快与压抑,使人们一些扭曲的心魔随着影片的结束涣然冰释;另一方面,武侠影视剧通过剧情的设计、场景的营造,在真实与虚幻之间,满足了观众"光明驱逐黑暗"的美好意愿(武侠剧内涵与武侠一致,就维护个人尊严、以个人与各类相抗这一点来说,往往引起社会中受压抑的或渴望个人尊严的人的向往[②]),化解负面情绪于无形,从某种程度上起到了维护社会稳定的作用。可以说,武术艺术化中的"暴力美"是对人的心理压抑的文明宣泄,武术的艺术化是人们减压的一种良好方式。

---

① 郭志禹. 太极拳新文化现象探骊[J]. 成都体育学院学报,2008,34(10):6-9,39.
② 章培恒. 从游侠到武侠——中国侠文化的历史考察[J]. 复旦学报(社会科学版),1994(3):75-82.

(三）武术的艺术化是武术自身发展的需要

1. 武术的艺术化为武术发展开拓了空间

1982年，功夫影片《少林寺》的播映，不仅受到国内各界人士的赞誉，也一举轰动了国际影坛，观众遍及全球一百多个国家和地区。这是武术走向世界的一声强有力的呐喊。网络的全球化使得民族的资源成为世界的共享，影视传播为武术走向世界做出了重要贡献。很多外国人就是观看了这部电影才认识到——武术的真谛在中国，在河南嵩山，在少林寺。另外，武术的艺术化为武术的大众传播搭建了理想平台。2007年春节联欢晚会上的武术节目《行云流水》让武术的艺术魅力又一次在民众中受到广泛关注。人们的思绪徜徉在演员高超的表演技艺当中，犹如余音绕梁，久久不能释怀。2008年北京奥运会开幕式上的太极拳表演更是令全世界人叹为观止。2008名表演者通过轻灵舒展富于变化的武术动作及民族乐曲那行云流水般的音符韵律，使武术的艺术效果达到了前所未有的崭新高度。它的表现形式、音效、舞美和整体创意，融东方美学特点与西方美学风格于一体，将东方注重内蕴和西方主张外显的个性合为一体，真可谓美学全球化的一种成功展示，极大地拓展了武术审美主体的对象范围。以上例子的武术演艺如图5-12所示。

图 5-12　武术演艺

综上所述，武术艺术化对中国武术的发展与传播起到了不可磨灭的作用，很多人就是观看了这些漂亮的表演动作才开始喜欢上武术的，它满足了全球不同地区和民族的异质文化的审美需求。

2. 和谐社会理念下武术发展的理性诉求

按照人类学家的看法，世界上各种社会存在着四种政治制度类型：游群、部落、酋邦、国家。其演进过程分为两种类型：一种是蛙跳型，另一种是绵延型。

第五章 审美现代性批判视域下的当代武术发展

很显然中国属于后一种。著名国学大师钱穆[①]先生指出,中国文化是一种和平文化、内蕴文化、绵延文化。在绵绵五千年的华夏文明史中,武术从来都是维护国家统一和社会安定的手段。辩证地看,"打"与"不打"都是为了和平。原始社会的生存环境与条件决定了技击为武术的本质,人们为了争夺有限的食物,在适者生存的理念下相互拼杀,为了战胜对手不惜进行嗜血的殊死搏斗。氏族部落产生后,人们有了私欲,为了掠夺和占有私有财产更需要付诸武力。随着历史的演进,出现了化地为城的诸侯国,人们在古代战场上为了本邦人的利益进行搏杀,抢占城池和扩大地域,形成了大规模作战的古代军事武术。一言以蔽之,在漫长的冷兵器时代,武术作为一种杀人手段,它的技击功能被不断强化。然而,随着火器的大量使用,军事武术慢慢退出历史舞台。当今社会,以构建和谐社会为主题,武术似乎真的变得没有了"用武之地"。它的技击功用也只局限在个别行业内,如特警和职业散打等。武术的发展应以维护社会稳定为前提。法治社会,"保镖护院"从业人员大大减少,打打杀杀已成过去,相信随着法制的不断健全,武术的技击性还会进一步弱化。

然而,时代却在热情地接纳艺术化的武术,国内外观众均表现出了对武术这种"真打实战"的身体艺术的喜爱。艺术的武术在经济领域获得了极大的成功。例如,众多的功夫舞台剧在国外演出收入可观,自不必说一部经典的武侠片(如《英雄》等)了,每每动辄票房过亿元。这些事实都说明时代对武术价值功能的偏好。武术的艺术性、技击性、健身性是武术本身所具有的多元属性,只是在不同时代发展各有偏重,艺术性应是当代的个性张扬与强力外显。

3. 武术的艺术化符合消费时代的审美化生存

从文化产业的角度看,消费审美的艺术生产呈现出如下特征:首先,它是一种大众文化产业,必须满足社会公众广泛的社会需求;其次,它主要是一种现代传媒背景下的生产,或者说它直接就是一种现代样态的媒体艺术;再次,现代审美消费艺术品的生产变成了社会多部门协作的集团化生产[②]。武术的艺术化需要武术界、艺术界、影视界等多部门联合起来,利用电子传媒等高科技手段,集体创意,将武术的传统文化内质通过当代的艺术表达展现出来,借助大规模的机械复制,向最大范围的受众传达其审美信息。寓技击于艺术之中,独特的个性化

[①] 钱穆. 中国文化史导论[M]. 上海:上海三联书店,1988:79.
[②] 余虹. 审美文化导论[M]. 北京:高等教育出版社,2006:165-166.

风采契合了审美消费者内心的情感诉求。在现代社会中,快节奏的生活和高强度的工作,使人们的精神感到紧张压抑,但人们的内心深处依然有对轻松、个性化生活的企盼。艺术化武术关注审美主体表层的心理愉悦及情感的个性化特点正好契合了人们心中隐含的情感诉求。这种心理皈依为武术艺术化的昌盛做了极生动的注脚。

随着视觉文化的到来,武术的传播界域也发生了时空转换,原来限于此时此地的欣赏与观看已经成为过去。现今,人们不必再去传统的艺术空间去观赏武术表演,而可以从现代化的媒介(电视、网络、融媒体)中轻松、快捷地把握武术美的最新动态。这样就导致了武术审美主体的泛化,使其真正地变成了一种大众文化。当代大众文化又表现为一种泛审美的、浅层审美的文化倾向。因此,在武术创作中应集思广益,立足于大众审美的需求,以直观形象、愉悦感官的方式呈现出武术之美。可以说,在当今的由生产型社会向消费型社会过渡的转型期,武术的艺术化并不是对传统的背叛,而是对传统的创造性继承与发扬,它更符合消费时代生活审美化的趋向。

总而言之,审美消费在消费生活中所占比重日益加大,消费者进入了文化消费领域,人们的消费观念和消费需求发生了重大变化,生活与艺术融为一体,武术消费也被纳入了生活审美化的过程,只有那些符合人们审美观念和欣赏水平的武术产品、高性价比的武术产品才会有更好的市场。

二、大武术观视域下功夫舞台剧的审美现代性解析

案例的选取原则及相关说明:大武术观的提出为当代武术的发展与传播提供了历史语境和现实空间。本视角中案例的选择主要考虑两个方面:一是《风中少林》等为武术艺术产品的合理呈现提供审美现代性的基础;二是武术的对外传播中除传统的武术文化外,融合进具有普适性和时代性的现代武术审美理念更有利于武术文化的国际传播。

在大武术观的指引下,推动武术国际发展,不仅有助于武术突破体育的牢笼,还能帮助武术进军艺术、审美等领域。中华人民共和国成立初期,蔡龙云先生亦提出武术始终循着"击"与"舞"并行不悖的方向发展。今天,我们更加清晰地看出二者的内在关联,武术向艺术靠拢并非空穴来风、无中生有,而是一种价值属性的重拾。

第五章　审美现代性批判视域下的当代武术发展

功夫舞台剧是当代武术审美的典型形态。功夫舞台剧是以中国功夫为主要题材，将武术动作与音乐、服装诸元素融为一体，在舞台等特定环境下现场表演的武术[①]。可以说，功夫舞台剧作为一种时代产物，虽有艺术加工但又明显不同于武侠影视的创作。它以魅力四射、激情刺激的表演方式满足了当代人们的猎奇心理。与武侠影视剧的蒙太奇制作手法相比，它显然更贴近人们的日常生活，更易于被接受。通过旁白、布景和音乐的渲染，通过演员们既有确定性（事先编排）的又有不确定性的现场表演，功夫舞台剧将武术置于不同的情境之中，既直观地展现了武术的动作形美，又隐含地表达了武术的文化要义。它的产生得益于社会各界人士对武术文化的高度提炼与精心打造，充分体现了武术与艺术的完美结合，人们在对其观照时能得到别样的审美体验与审美感受。

（一）功夫舞台剧能满足异质文化的审美需求

武术作为我国民族传统体育的典型代表，蕴含着中华优秀传统文化的强大基因。随着历史的发展和时代的变化，武术更是被赋予多功能的价值使命并呈现出了多元化的发展趋势。其中，包蕴中华优秀传统文化基因而又立足于武术现实题材倾力打造的舞台武术——功夫舞台剧，已然成为当代大众审美的后现代武术表演新样式，它传递的东方武学奥义和展现的文化艺术魅力满足了全球不同地域异质文化受众的审美需求。

1. 满足国内大众的审美需求

20 世纪 90 年代以来，随着视觉文化在我国的兴起，大众的审美取向发生了微妙的变化，人们比以往更加关注感性直观的影像或图像文化。一些有识之士立足本土、放眼世界，结合当下、展望未来，大胆推动武术创新，遂将武术搬上舞台。可以说，功夫舞台剧的出现，使得人们对武术，尤其是少林功夫有了更加深刻的认知与理解。昔日，人们渴望到河南嵩山、到少林寺目睹少林武僧的风采；今朝，《少林雄风》的上演，圆了无数中国人的梦想。此剧不但抒写了十三棍僧救唐王的感人故事，而且展现了传奇将军许世友的盖世武功，使观众挥去了由于武侠影视剧所造成的审美疲劳，顿觉眼前一亮、心驰神往。"冬练三九，夏练三伏"是对武术人不怕磨难的坚贞毅力的形象概说。《武林时空》以一年四季为基点，生动演绎了武术人春夏秋冬练功的宏大场面。演员们刻苦训练并集各种功夫于一身

---

① 马文友，邱丕相. 论武术的艺术化发展趋势[J]. 上海体育学院学报，2010，34（5）：51-53.

中国武术审美现代性批判与当代发展

的武术表演使每位观众获得了超然的艺术享受。常言道"邪不压正",自古正义必将战胜邪恶一直是中国人心目中的价值观、审美观。《风中少林》为人们讲述了一段可歌可泣的少林武僧的传奇故事。全剧功夫打斗扣人心弦,情节设计一波三折,故事结局圆融美满,给人以一种强烈的包蕴东方审美文化的视听享受。

综上所述,功夫舞台剧是在武术审美现代性背景下产生的一个时代强音、一道亮丽风景。它将武术寓于舞台艺术之中,通过舞台艺术的包装打造,呈现了美轮美奂的武术视听艺术,满足了国内大众的审美时尚和审美欲望。

2. 满足域外观众的审美需求

21世纪以来,为了适应时代发展的要求,为了增强武术的文化软实力,武术界和艺术界联合,借鉴国外先进的创作理念,包装打造本土的武术文化,涌现出一批优秀的功夫舞台剧,满足了国外异域观众的审美需求。例如,2008年《风中少林》运用独具特色的表演语言,阐释了最具民族精神内核的武术文化。结合西方人的审美心理,对神秘的东方文化、禅宗文化进行了国际化的表达,因而受到了不同民族、不同文化背景的人的喜爱,在澳洲刮起了一股强劲的中国文化风。再如,2009年《武林时空》在英伦三岛巡演也是倍受观众青睐,一票难求。《武林时空》结合英国人的审美观不断注入新的亮点,使得演出更加精彩。创作班底在保留动作节奏紧凑、音乐富含东方特色的基础上进一步融入时尚元素,常演常新的艺术手法使得《武林时空》能够在英国经济不景气的情况下泛起中国文化热的浪花。

此外,2009年《少林武魂》将少林之禅、武精神有机结合起来,体现出寓意深远、品性纯高的少林文化。习武以扬善为目的、诵经以御邪为旨归,经典地诠释了武魂、禅意。《少林武魂》展示出了武术特有的人文精神,开创了功夫舞台剧的新篇章,得到了美国人的高度认可并获得美国戏剧界两个最高奖项"托尼奖"和"剧评人奖"的提名。

上述这些实例都说明功夫舞台剧符合当下西方人的审美心理,满足了西方人的审美欲望、精神所需。它通过国际通用的艺术语言、去意识形态的肢体诠释填充了东西方审美文化的沟壑。

(二)功夫舞台剧既悦耳悦目又悦心悦意

1. 功夫舞台剧能悦人耳目

功夫舞台剧自创生以来,就以其感性直观的特性(审美现代性的特征之一)

130

第五章 审美现代性批判视域下的当代武术发展

而深受人们的喜爱。人们在观看演出时,会随着眼前视听效果的转换而有一种身临其境的感觉。

如果一个人真正现场观看一场功夫舞台剧,如《风中菩提》,就会被其强大的演员阵容(功夫明星和习武多年的武僧)所震撼,被形象逼真的生活场景所打动,被悠扬的音乐韵律(民族音乐)所陶醉,被眼花缭乱的武术技术(十八般武艺)所吸引,被舞台包装的视觉文化所折服。功夫舞台剧让武术表演有了不一样的展示空间,经过加工和美饰的富于变化的漂亮动作、华丽飘逸蕴涵文化底蕴的民族服装及和谐悠扬行云流水般的音符韵律吸引着欣赏者的生理感官,使人们徜徉在美妙的太虚幻境之中,尽情地享受武术整体的外在形美所带来的耳目愉悦。

2. 功夫舞台剧能悦人心神

千百年来,少林武术以其独特的艺术魅力和深厚的文化底蕴吸引着无数世人的目光。许多人虽身不能达,然心向往之。今天,由武艺高强的少林武僧担纲的大型功夫舞台剧《少林雄风》让人们欣赏到了"原汁原味"的少林武术。该剧禅武结合、刚柔相济,既展现了精湛优美的少林武术的阳刚之气——目睹少林武僧的传奇功夫,又使人体会到了博大精深的中国禅宗文化之奥义——人间正道是沧桑。

一部被称为史上最有深度的力作——功夫舞台剧《风中菩提》,以全新的艺术表现形式、富含哲理的思想内涵,赢得了广大观众的认可。它向观众传递了佛家的智慧、大师的风范和武者的禅韵,将中华武术之博大精深,少林文化之禅武合一演绎得活灵活现,不说绝后,可谓空前。

《风中菩提》创作理念独特,将多种功夫熔为一炉,配合舞台效果,不仅向世人展示了多样的中华武美,而且使世人领略了一种处世哲学和自我修身之道,让观者沉醉于超然的视觉享受和心灵教化之中,显示了中华武术文化内涵的强大力量,达到了佛法无边触及灵魂的憾心效果。

此外,还有《功夫诗·九卷》结合传统文化、国学思想的精髓,诠释了中华武术的九层境界:净、经、勤、灵、听、形、倾、定、境。此舞台剧让观众在欣赏武术的美妙之余,体悟"道"的高深境界。它通过形体表现的万物本性、慈悲为怀,心无杂念、人初本性等理念旨在净化人的心灵、陶冶人的情操。

功夫舞台剧的诞生使得中华武术千年文化遗产寻找到了另一种符号形式进行表达。从功夫舞台剧的观众上座率可知这种典型的审美形态符合当代世人的精神所需;同时,它的"横空出世"也无形中提高了中国武术的认知度,打造了中国

中国武术审美现代性批判与当代发展

武术的文化高地，树立了中国武术的文化品牌。

总之，中国武术博大精深，其中孕育着雄浑的美学因子。在数千年的历史发展长河里，武术积淀出了典型的审美物化形态——功夫舞台剧。功夫舞台剧既可悦人耳目，又可悦人心神，还能满足全球不同地域异质文化（受众）的审美需求。可以说，它的产生体现了武术的多元价值功能和艺术化思维取向（武术的艺术化思维一直伴随着武术前行并表现出了强大的生命力）。当下，在视觉文化及大武术观的理念下，人们应该充分攫取现代性与审美现代性对武术发展的有利条件，以一种恢宏的气魄、博大的胸怀去迎接艺术化武术的到来，积极探索、勇于创新，继续打造富含民族文化底蕴而又符合国际标准的优秀力作来增强中华武术的国际影响力和文化竞争力。

三、审美现代性批判视域下当代武术发展模式的构建

案例的选取原则及相关说明：当代武术的艺术化、商业化、消费化等现象是武术审美现代性的结果，是对武术现代性的一种应激反应；针对武术的审美现代性，应保持理性的批判精神，构建当代武术发展的适切模式，强调武术的人文价值，并注重其在各类武术样式中的渗透与转化，以促进武术的健康发展。

"模式"在《现代汉语词典（第7版）》中被释义为："某种事物的标准形式或使人可以照着做的标准样式。"[1]《当代新词语大辞典》中将模式进一步解释为"体现事物的本质和一般特点的基本结构或基本式样，它舍弃了事物的细节，是事物基本特征的体现"[2]。由此可见，模式研究就是要抓住事物的主要问题、主要矛盾，将事物内部的重要因素及其关系厘清，以便进行理论分析。本研究认为，构建武术发展模式就是对构成武术整体的各个要素有全面认识，能够抓大放小，找出主要矛盾，并在平衡利弊的基础上得出一种具有实效性和可操作性的发展思路及方式。它具有较强的时间规定性与空间延展性，并随时空的变化而变通。另外强调，构建武术发展模式时应注意全面分析、整体规划的原则，既要考虑经济效益，又要顾及社会需求。

需求决定事物内部各要素的比例及其发展态势，武术发展模式应随社会需求而动态调整。例如，武术商业化发展模式是将武术置于市场经济之中、立足消费

---

[1] 中国社会科学语言研究所词典编辑室. 现代汉语词典[M]. 7版. 北京：商务印书馆，2016：919.
[2] 文会，王澎，李本刚. 当代新词语大辞典[M]. 大连：大连出版社，1992：740.

社会之现实,以感性的舞台表演形式满足大众审美需求(通俗、时尚元素)的发展模式。这种发展模式只是武术发展的一个阶段,并不是武术发展的终极目标。武术除了应追求感性直观、新奇刺激的外在美,还应追求更有深度的艺术境界及文化传承作用。换句话说,商业化发展对于武术的作用是培养消费大众并使其广泛接触世俗性的武术,为武术发展提供经济保障和国际交流与传播平台。但是,我们的时代已经进入了"和谐促发展、文化定输赢"的时代,文化软实力的作用实在不容小觑,各国之间的文化争夺、文化侵略现象也比较明显。因此,武术的当代发展与历史使命应坚守文化底线,深度发掘自身资源,强调"立己达人,守正创新",争取在武术审美现代性批判视域下重构东方体育文化大系。美国文化人类学家莱斯利·A.怀特[①]指出:"对于文化必须依据文化自身,从文化学上加以解释。"

审美现代性视域下,武术技击弱化、艺术化凸显是社会需要的表现。正如有研究者指出,武术技击弱化现象的产生是社会需要和武术技术结构改变两个内外部、主客观原因所共同导致的[②]。恩格斯[③]曾说:"人的行为不能用他们的思维来解释,而应当用他们的需要来解释,需要必然要导致行动。"武术的审美消费、表演展示、暴力消解等都需要弱化技击,彰显其艺术化、感性化。这就是武术的多功能向度,多元化价值体现。武术兼具实用性与艺术性的属性,能击善舞、体用结合,是武术工具理性与价值理性统一的理想境界。

"发展"只有在发现当下、适应现实的基础上才有意义,要有与时俱进的文化创新意识,抱残守缺、固守传统那只能是庸人所为,一厢情愿的事情。武术发展应摆脱非此即彼的二元对立思维模式。同时,认识到武术发展模式构建并不是从零开始,而是在原有基础上适度调整。调整中要有自主意识、跨界意识、协调意识;对各个要素进行选择、集成和优化,形成最佳配比、优势互补、重新组合,有针对性地提升武术的文化竞争力与国际影响力。

(一)从整体考虑

如果说大众文化是一条恣肆汪洋、凭借自身惯性奔腾向前的河流,那么审美

---

① 莱斯利·A.怀特.文化的科学——人类与文明的研究[M].沈原,黄克克,黄玲伊,译.济南:山东人民出版社,1988:123.
② 刘文武.论武术的"技击弱化"[J].沈阳体育学院学报,2017,36(1):139-144.
③ 马克思,恩格斯.马克思恩格斯全集(第二十三卷)[M].中共中央马克思恩格斯列宁斯大林著作编译局,编.北京:人民出版社,1972:374-375.

文化研究则通过理论批评与实践操作致力于打造一条具有某种文化定力的坚实河床[1]。种种现象表明,武术审美文化发生现代转变是不争的事实,但我们不能仅仅满足于解释事物的表面层次,而是要深入挖掘产生这种现象的社会学原因,保持足够的超越理性和批判精神,并在此基础上提出建立良性的发展模式。当代武术发展一要"返本",即留住自己的文化之根、优良传统;二要"开新",即生发新芽、创造亮点。时下,武术发展可以说处于一种两难境地,通过选择机制很容易偏执一端或者矫枉过正(武术现代性与武术审美现代性的问题域即有此倾向)。正如有学者指出:"研究中国武术的发展模式不能再沿用机械的、静止的、割断联系的观点,而是必须从研究部分、多方面进入到研究整体和各方面的相互联系之中,创造出新的适应继续发展的模式。"[2]鉴于此,武术发展选择和谐模式:把武术看作一个整体,使武术的传统与时尚、技击与艺术、内蕴与外显、民族与世界等多种二维关系处于和谐状态。

(二)从现实考虑

武术发展模式就是武术在特定的历史背景下、在特殊的情境下所要选择的发展方向,是一种基于现实的理性选择。从哪里来到哪里去,武术发展模式要有历史的眼光和国际的胸怀,从武术传统中寻找核心和根本,凭借历史经验和民族精神以一种勇于担当的魄力融入全球化当中去,无疑是解决当下武术发展困境的一种最有效的方法。带着问题意识,通过深入的社会调查,掌握第一手资料,是避免闭门造车、孤芳自赏式的学术泛滥的有效途径之一。武术美学视域下的发展研究更要沉下去,接地气,这样才能言之有理、言之有物,避免空对空。它体现的应是一种实证与思辨、科技与哲学相结合的美学理路。

美学是一种感性学,毕竟带有一定的主观性和当下性,因此在构建武术发展模式的时候一定要考虑这种感性因素,尽量对其加以规避。要有高度、远见,若像时尚戏曲变得面目全非,穿着旗袍唱京剧的方式是有伤大雅的。武术在展示感性审美、个性审美的同时也不要丢掉原则、放弃底线。审美虽通过必要的感官得以完成,但那绝不意味着审美就是一种纯粹的感性活动或感官快慰,"其中还包含着理性的渗透和向某种不确定的、朦胧的理性目标追求和提升的趋向"[3]。这就是

---

[1] 戴清. 电视剧审美文化研究[M]. 北京:中国广播电视出版社,2004:36.
[2] 郭志禹. 中国武术发展模式研究[J]. 上海体育学院学报,2005,29(2):59-63.
[3] 朱立元. 略谈当代审美文化的"审美"内涵[J]. 沈阳工程学院学报(社会科学版),2008,4(1):1-3,9.

审美的内在超越性,它具有提升人的精神价值、净化人的灵魂作用。如今,那些为了审美而审美的武术异化现象,绝不是真正的审美,是伪审美,它不符合武术的长远发展,终将被淘汰。朱立元[①]教授指出:"以人为本乃是审美的灵魂和内核。"因此主流的审美文化要体现出对人的终极关怀,武术发展模式也应该提升到这一高度。

(三) 从中西互赢角度考虑

当下,中西美学正在加强互动、互赢,不断超越各自的审美特征,并努力构建出了一种具有相对普适性的美学理论。这为武术发展模式提供了一定的借鉴作用。应该说,西方竞技体育是一个在不断"挑战"中(挑战自然、挑战对手)实现自我的扬己过程;中国武术则是一个在不断"崇尚"中(崇尚自然、崇尚和谐)完善自我的抑己过程。鉴于此,应避免二元对立的思维模式,扬长避短,选择一种互利共赢的发展理路。

20世纪30年代,"土洋体育"之争就是围绕着传统体育本土化还是全盘西化展开的论争,各执一词,没有形成很好的融合建树。现今对武术发展模式的建构就是要摒弃前期的不当观点,充分认识土洋体育的各自优点,积极寻求共识性的东西,形成"美美与共"的大好局面。在中西体育之间找到契合之处,以促成二者的融会贯通和综合创新。有研究者指出:"包括竞技武术套路在内的各类武术,以及竞技武术套路内部的各个方面,终将平衡于一种相对和谐的状态之中。"[②]这也为我们的构想提供了一定的参考依据和理论意义——只有构建多元并存、雅俗共赏、中西合璧的武术发展模式,才能满足社会转型期大众文化的审美需求。

(四) 从武术的文化价值考虑

2014年10月15日,习近平总书记在北京主持召开文艺工作座谈会时强调"文艺不能当市场的奴隶",再次说明文艺作品社会效益的重要性。武术审美核心价值乃在于教化作用,这是传统武术审美文化的重要维度。在具有五千年文化传统、讲究"文以载道"的国度里,构建武术发展模式不能只顾武术的娱乐性而丢弃武术的文化内涵。

---

① 朱立元. 略谈当代审美文化的"审美"内涵[J]. 沈阳工程学院学报(社会科学版),2008,4(1):1-3,9.
② 杨建营,屈政梅,石旭飞. 从竞技武术套路的发展历程探讨其未来趋向[J]. 北京体育大学学报,2009,32(3):135-138.

中国武术审美现代性批判与当代发展

当前,在体育强国、文化强国战略的指引下,在大武术观的指导下,武术发展既能符合世界潮流,又能保持自己鲜明的文化个性,应该说是一个十分重要而又紧迫的课题。党的十八届三中全会提出增强中国文化软实力、构建中国文化形象、树立中国文化品牌等一系列政策。这对于中华民族传统体育典型代表的武术来说是一个非常难得的契机。众所周知,中国武术有着文化外交的重要使命,它万不可失去自己独立的声音和文化向心力的作用。在文化全球化的背景下,它更要确立自己的文化身份和精神禀赋。当代武术的发展只有既能愉悦观众又不降低自己的品位,才能保证自己走上一条康庄大道。鉴于此,树立武术文化自信,增强武术文化自觉,让人们在领略其技术风采的同时,体会东方体育的文化魅力及带给人们的精神滋养,应是未来武术发展的理想模式。

1. 树立武术的文化自信

只有保持清醒的头脑和自觉意识,时刻将武术作为一种文化、一种"大文化"来考量,才能坚守武术的文化使命。如果单纯地将武术作为一种商品,那只能获得短期的经济效益(功夫舞台剧等也要将经济利益作为文化传播的一种手段),不利于武术的现代化转型。武术要想完成文化使命,还需强化角色意识。由于受到崇洋媚外和民族自卑主义的双重影响,近现代过滤武术的筛子眼儿很粗,致使武术中很多的传统文化精华被过滤。武术虽在今日发挥不出往昔的技击功效,但在育德、育人方面仍非常重要。梁启超[①]曾言:"尚武者,国民之元气,国家所恃以成立,而文明所赖以维持者也。"

当代人的幸福指数需要武术的介入,当代人的精神家园需要武术的介入。武术在审美现代性过程中,不能再重蹈西方体育的单边主义,西方竞技体育在现代性进程中出现的人文价值危机正是武术未来发展模式构建中应该注意的。武术不仅具有强身健体的功能,还具有修身养性的作用。现在西方哲人已经从东方的文化中攫取闪光点,将来世界体育的文明平等对话需要武术的文化自信——将"西方体育文化中国化"转向"中国武术文化的世界化",以一种和谐方式向世界阐释东方文化的魅力,以一种全新的视角展示反西方体育霸权的王者风范。

传统武术是传统文化的活态保存和鲜活样本,里面有东方古老文明的清晰印迹。由于现代性的影响,工具理性占尽风头,价值理性失去往日已有的功能。在

---

① 梁启超. 新民说[M]. 郑州:中州古籍出版社,1998:182.

第五章 审美现代性批判视域下的当代武术发展

新一轮的否定传统中,武术被边缘化,即使有肯定传统的声音,那也是在西方现代性的视角下对传统的重新选择和利用。这是源于中国近代的被动挨打和文化自卑心理的驱使,相信随着中国大国地位的树立、传统文化的逐渐复兴,这种现状会有所改观,武术的主体性也会重拾。树立武术文化自信,需要对传统武术的精华部分重新厘定,将符合现代社会特别是西方现代性过程中出现的弊端,而中国武术恰恰在这方面又存有优势的地方提炼出来。武术中修身正己、自强不息的精神,崇尚感悟、淡泊名利的心胸,礼让有先、不争无为的人际关系都是现代社会的急需和至爱。一旦人们认识到武术的强大精神力量,就会对其爱不释手。然而,如果武术自己耐不住寂寞,迎合西方世界、迎合大众口味,为了一时的受宠而不惜自断根脉,将厚重的人文内涵淡化或者阉割,那将是得不偿失的。传统武术可以包装打造,但那些只是为了让人们接触武术、了解武术,并不是"作践"武术。如果将传统武术也变成一种商品或与竞技武术一样的东西,那根本没有必要再弄一个竞技武术样板。应该说,传统武术包装打造是处于视觉文化时代的无奈之举,现在传统武术在农村也逐渐失去市场及生存的广大空间,源于人们被感性的视觉文化所吸引、被绚丽的国外武技所打动。因此,为了抢夺市场、抢夺文化资源,我们不得不对优秀的传统武术进行包装打造使其进入人们的视线。可是现在有些人已经反其道而行之,正在将传统武术变成另一个竞技武术,弃武术文化内涵而不顾,重走东施效颦之路,亦步亦趋模仿西方竞技体育模式来改造传统武术,其实他们根本没有领会到包装打造传统武术的终极用意。这也提醒人们尤其是武术管理部门,要坚守武术的文化阵地,传统武术的根基绝不能丢弃。武术的时尚化是为了武术传统的现代承接和延续,不是文化虚无主义。如果只是浅薄地对传统武术进行时尚演绎,那将是苍白的和无力的,是只有传统武术的躯壳而没有武术传统基因的表现。

2. 增强武术的文化自觉

根据现实情况,未来武术的发展一是要突破自己,走向更深远的境地;二是要缓解武术当下发展的尴尬境地——没有成为奥林匹克运动项目;三是体育已不能涵盖武术、解释武术,武术的某些形式已经超出体育的范畴。所以说,武术发展模式构建既要考虑到古今、中西,又要带有一定的前瞻性,看到武术未来发展的新趋向、审美文化的风向标。

早在 2010 年,国家体育总局武术研究院即提出了大武术观的理念,大武术观并不是单纯地指空间概念,而是指思想观念。大武术观是一种全新的思路和视野,意指不再像以前那样,将武术囿于一隅,或固化一时,放不开手脚。现今要全方位、多层面地促进武术大发展、大繁荣,以满足不同地区、不同语种、不同人群的物质和精神文化需求。它不仅提倡武术多元化的发展路径,而且顾及武术的历史、当下和未来;同时,将武术放在全球化的高度,以国际化的胸怀,用发展的眼光进行审视,查找不足,彰显优势,通过武术的文化自觉,增强自身的国际影响力与文化软实力。

鉴于此,我们在一定程度上可以借鉴其他邻国,如韩国跆拳道与印度瑜伽等国际推广的成功模式,汲取它们积累的有益经验,并根据武术项目自身的特点及当下社会的现实需求而进行有的放矢的改造,适切地将武术中蕴含的中华优秀传统文化特质彰显出来。总之,我们研究的目的就是使武术认识到自己的盲目被动改造导致了无谓的人文价值流失,然后通过批判增强武术的文化自觉。首先,需要深入了解武术文化的历史、特点和价值,提高文化自信和自豪感;其次,批判武术中的糟粕,并吸取西方武技中的文化精髓,在此基础上结合时代特点和市场需求,创新武术。

(五) 从视觉文化角度考虑

一般而言,关于视觉文化对当代武术审美的影响主要有三种态度:第一种是悲观,完全否定视觉文化,认为视觉文化造成了武术的异化;第二种是乐观,十分赞成视觉文化,认为视觉文化给武术发展带来了新的机遇;第三种是客观,站在中立的角度,看到了视觉文化的两面性。毋庸讳言,我们应该站在客观的角度,既要看到视觉文化对武术审美的消极影响也要看到它的积极作用,既考虑到当代武术的创新发展也要考虑到它的价值流失。鉴于此,应该充分利用视觉文化两面性特点,采取扬长避短的策略:在积极利用其传播效应的同时要尽量限制其过度的视觉化和感官化;对于将生理快感、声色之乐摆在首要位置,一味追求形式奢华不顾武术人文价值流失的做法要坚决给予批判。

1. 充分利用视觉文化的优势,增加武术文化软实力

视觉媒介构成的文化已经不是一个地域性的文化,而是一个超越地域空间界限的全球化文化[①]。视觉文化具有超越民族、地域、个性等多元特征,是可以世界

---

① 李鸿祥. 视觉文化研究——当代视觉文化与中国传统审美文化[M]. 上海:东方出版中心,2005:21.

第五章　审美现代性批判视域下的当代武术发展

共享的弱化文化差异性的文化。武术要想得到更多世人的认可，增强文化软实力，就必须利用视觉文化的优势。例如，功夫影片《少林寺》，以及 2008 年北京奥运会开幕式上的太极拳表演都是利用了视觉文化的优势，将武术这种富含中国传统文化底蕴的身体语言通过高科技手段置于不同语种人们的眉睫之前，成功进行了全球化的美学展示，扩大了自身的影响力。

20 世纪 90 年代中期开始，功夫舞台剧崭露头角，在经济全球化的大市场中分得一杯羹。1994 年奥地利人出资拍摄的第一部舞台剧《沙弥之路》（又叫《沙弥走进少林》）在国外首映获得成功后，1998 年的《生命之轮》、2002 年的《少林雄风》……相继问世。可以说，功夫舞台剧是在视觉文化背景下产生的一个时代强音、一道亮丽风景。它通过视觉文化的"无限制性"使审美主体由小众变成大众，利用人们追求新奇、变化、刺激的消费理念，设计丰富而又曲折多变的情节，通过肢体语言诠释着经典的历史故事，在一种令人震撼的包蕴东方审美文化的视听愉悦中既不生硬也不苍白地进行着文化输出，提高了武术的国际影响力与文化竞争力。

另外，以视觉文化为平台的武术类专题节目，亦使得人们足不出户即可观看武术比赛。例如，CCTV-5 体育频道倾力打造的《武林大会》（图 5-13）为人们了解武术、熟知武术提供了一个固定的窗口。该节目力争还原一个"真实的武林"，使原本高高在上、象牙塔里面的神秘武术，通过视觉文化时代的电子传媒与大众拉近了距离，变成了真正的"世俗"文化。这对于广泛流传于民间的传统武术来说，是一个难得的展现自身优秀文化内质的大好机会。因此，应该积极利用视觉文化"超时空"的传播优势。

图 5-13　CCTV-5 体育频道《武林大会》

中国武术审美现代性批判与当代发展

2. 提升大众美学素养，自觉抵制"三俗"的审美观

众所周知，电子传媒在给审美主体带来便利的同时也带来了消极的影响，过分依赖视觉技术包装打造的虚假表象，钝化了人们艺术欣赏的个性和敏感度。只有具备强烈的感官效果，才有可能激活人们的审美阈值。"三俗"的武术审美观就此产生。通过 3D 技术、强烈的反差对比营造出令人眼花缭乱的武打画面，虽具有一定的形式美感和视觉冲击力，但由于缺乏内涵而少有"生气"。如今，这股崇尚"表面浮华"的形式风已经吹进了武术的诸多领域（媒介武术、艺术武术甚至包括竞技武术），致使其深邃的人文价值逐渐滑出了人们的视线。对此，一些敏锐的研究者已经指出视觉文化的弊端；更有一些老武术家干脆将当代武术的异化不加考证地完全归罪于视觉文化。其实，视觉文化具有两面性毋庸置疑，但是如何看待、如何利用又是另一回事。这里建议采取波兹曼[①]的不"关掉电视"而是引导大众怎样"看电视"的策略，将其引向更合理、更完善的向度。

当代视觉文化的弊端不能完全归咎于图像本身，观看图像的人的审美素养（过分追求感官刺激和盲目崇拜图像文化）也要负一部分责任。视觉文化时代，"看"不仅是指传统意义上的简单的目视行为，也指通过网络平台虚拟的看，需要特殊的审美素养以应对时代之所需。法国著名雕塑家罗丹曾言，美是到处都有的，对于我们的眼睛，不是缺少美，而是缺少发现。这种发现恰恰依赖主体的审美素养。应该说，在倡导感性审美的视觉文化时代，虽有可能带领主体回归本真，给心灵以自由，但也有可能因一味跟着感觉走而陷入"无理性"的泥潭。在媒体环境急遽变革下，各种大数据、区块链、互联网、5G 技术发展趋于成熟，渗透在我们生活的各个角落。媒介信息的多元化是一把双刃剑，它可能会进一步滋生媒介环境中低俗、不良、娱乐性极强的信息，误导大众对武术的认知。媒介素养是人们对各种媒介信息的解读和批判能力，是使用媒体为个人生活、社会发展获得信息的能力[②]。鉴于此，当下急需提升大众的审美素养以消解图像文化的负面影响。

根据鲁道夫·阿恩海姆的视知觉理论可知，视觉过程中同样包含推理、分析、综合等心理活动，这就为视觉文化的双重体验性（感性体验与理性参与）提供了

---

① 尼尔·波兹曼. 娱乐至死[M]. 章艳, 译. 桂林：广西师范大学出版社，2004：207-210.
② 张志安，沈国麟. 媒介素养：一个亟待重视的全民教育课题——对中国大陆媒介素养研究的回顾和简评[J]. 新闻记者，2004（5）：11-13.

可行性依据。因此，在武术的视觉文化活动中可以充分利用视觉与心理、感性与理性、外形式与内形式、外审美与内审美的二元互动，逐渐实现由感官快适到精神享受，由外在浏览到内心凝视，由情感浮躁到思想静观的审美超越，提升大众的自主选择能力，使其在耳目愉悦的"时尚"武术诱惑面前保持清醒意识，减少对庸俗和浅表图像不加思索的被动接受；同时，支持那些有深度、有意蕴的"内涵"武术，增加对"文化"武术的主动迎娶，这样在提升大众审美素养的过程中又会反过来提高视觉文化品位，从而形成一种良性的互动和循环。

3. 通过静观、超越寻求内心的一片净土，克服视觉文化的不利影响

诚然，视觉文化带领人们走进了一个感性审美的时代。但是感官的刺激与快适并不是武术审美的真正目标，心灵的超越与永恒才是武术审美的终极追求。20世纪90年代以来，艰难地摆脱了政治功利性的武术（军国民思想、体育外交政策——1960年，出访捷克斯洛伐克，揭开武术外交序幕）旋即又陷入了经济与资本精心编织的大网，成了感官享受、"娱乐至死"的代言工具（"武术搭台，经贸唱戏"，以及武术的职业化与商业化趋向）。当代武术的美学精神因缺乏独立性而少有超越性。

何谓超越？向"本"之"求"，即是超越[①]。只有超越才能不为世俗所累，不为形式所困，才能真正沉下心去探求事物的本质。因此，有了超越精神才能不囿于物，敞开自由空灵的心胸（空故纳万境），进入无羁无绊的审美境界。但是要想超越必先做到静观，所谓"能静故能思""静者有深致""静则生慧，动则生昏"，只有静观才能去蔽，才能进入事物内部。静观是美学术语，它指审美应冲破事物表象、参透事物源头与根基，强调直达本心的"神遇"。静观是达到"听之以心"境界的动力，是审美"精神创造力"的源泉，它可以使审美主体获得不可目视的内在美。正如有学者指出，静观不会带来一般意义上的现实的物质的或感性的快感，而是带来精神的灵魂的充实与快乐[②]。审美静观体现出一种终极关怀和深邃的价值取向，审美静观的去蔽性和内在性追求使其能够宁静致远、大道无痕，体现出人类审美的超功利性价值。

可以说，喧嚣的世界给武术传统的审美文化带来了极大的冲击。现代科技不

---

① 叶朗. 现代美学体系[M]. 北京：北京大学出版社，1988：537.
② 丁来先. 审美静观论[M]. 北京：中国社会科学出版社，2008：18.

断发展所引发的信仰危机、物欲横流、身心失调、人格分裂①等状况在视觉文化的今天已尽显无遗，武术受其影响在所难免。然而，只要通过静观、超越的审美方式自觉寻求内心的一片净土，深入挖掘武术中蕴含的人文信息、精神要旨，通过自律性（武德建设、治理理性）使审美主体的灵魂得到净化、心灵受到启迪（谷鲁斯所谓的"内摹仿"），继而产生一种时代的反思精神，即可摆脱马尔库塞所说的"片面化将导致单面人的危险"②。这即是武术审美"无目的性而又合目的性"的价值所在。总之，武术审美是感性与理性的有机结合，要综合考量两个因素并尽量保持适度的张力，通过将视觉文化的积极因素充分挖掘、将消极因素控制到最低限度的策略来构建当代武术相对和谐的发展模式。

四、审美现代性批判视域下当代武术发展的核心理念

案例的选取原则及相关说明：和谐是中华美的核心因子，也是文化与科技相融合的发展模式的主旨。批判视域下，当代武术发展应通过大众喜闻乐见的手法表达其内蕴的民族传统因子，力求在保持传统技击性与拳法义理的基础上增添一件时尚外衣，不遗余力地协调传统与时尚之间的关系，保持传统武术与竞技武术之间的合理张力。同时，在文化全球化的背景下，当代武术更要确立自己的文化身份和精神禀赋，做到时尚而不媚俗，创新而不庸俗，赓续武术文化根脉，彰显武术文化标识，保证武术常青常在。

当今世界各民族的文化交流日益频繁，文化输出、文化渗透、文化侵略现象比较明显。党的十八大明确提出，我们一定要增强文化整体实力和竞争力，树立高度的文化自觉与文化自信，开创中华文化国际影响力不断增强的新局面。在这种现实情况和历史背景下，在大武术观的前提和指引下，中国武术要想在世界文化之林立住脚，增强自己的文化软实力，就既要跟上潮流，又要保持自身鲜明的民族特色与个性品格。因而，追求时尚与保持传统也就成为审美现代性批判视域下当代武术的两个基本走向。然而，凡事有度，过犹不及，只有将二者有机地结合起来，保持时尚与传统的合理张力，当代武术才能得到更好的传承与延续。

---

① 邱丕相，马文国. 武术文化研究和教育研究的当代意义[J]. 体育文化导刊，2005（4）：18-20.
② 赫伯特·马尔库塞. 爱欲与文明[M]. 黄勇，薛民，译. 上海：上海译文出版社，1987：131.

第五章 审美现代性批判视域下的当代武术发展

（一）时尚传统化

"时尚"一词，在名词意义上是"一时之风尚"的缩略；时尚的根本特征是变化与更新[①]。当今社会，以视觉文化为文化的主流传播方式，炫目的视觉形象充斥着人们的眼球，无处不在的视觉符号俨然变成了大众新一轮的时尚。视觉文化注重包装、注重外在形象，浅显表意的交流方式使得武术受众群体越来越大。然而，伴随着武术时尚化的同时，一个问题也凸现出来，那就是对视觉享受和技击效果的一味追求，往往掩盖和忽略了对于武术文化内涵的深层理解和诠释。长此以往，这种传播模式会导致受众对武术传统文化内质的片面化认识，停留在表层的视觉享受，将武术定位于一种刺激好看的技艺而已。因此，要大力倡导武术中特有的内涵美，要将时尚素材传统化以保持武术自身生存与发展的相对独立空间。

1. 时尚素材的传统化

时尚素材的传统化并不是要回归传统武术，而是要在时尚素材中添加优良的武术传统，使武术变"量"不变"质"。众所周知，时尚由于缺乏深厚可靠的根基，自然无法建构心灵的精神家园。当时尚元素过多地在武术中出现的时候，就必然会带来平面和浮漂的性质[②]。基于此，人们就要保持高度的警惕和充分的自信，在现代主流文化的冲击下，既要充分展现武术的时尚性，又要保持武术的优良传统。这样，若干年后，武术才能不失为"武术"而得以保存和流传。

可以说，任何超越和创新都不能在传统之外完成[③]，武术在当代的时尚演绎中还需自觉对传统进行选择性继承，使观众在欣赏之余能够得到一种心神愉悦和一份人文滋养。鉴于此，社会各界有识之士，尤其是武术界同人应该集思广益、齐心协力将武术传统的内涵美加以提炼并在当代的"时尚作品"中呈现出来。具体而言：在绚丽的影视打斗中，可通过细节刻画体现尊师重道的楷模和十年磨一剑的标兵，让观赏者体会一个中国武者强大的精神人格力量；在悦耳悦目的功夫舞台剧中，可融入经典的历史传奇故事，使人们感受武者先贤豪迈的气魄和宽广的胸襟；在竞技武术套路中，可通过音乐的古典化、服装的民族化，以及演练者对动作的经典诠释努力将那种"言有尽而意无穷"的神韵、意境之美展现出来；等

---

① 余虹. 审美文化导论[M]. 北京：高等教育出版社，2006：258-261.
② 沈晴. 论高校文化建设中传统与时尚关系的紧张与融合[J]. 社会科学家，2010（4）：66-69.
③ 龚鹏程. 中国传统文化十五讲[M]. 北京：北京大学出版社，2006：316.

等，不一而足。

2. 以传统为尚——形成时尚古典之风

武术产生于社会实践，它的"原始力量"来源于技击，离开技击的武术将成为浮萍。传统武术"练为战"的价值取向在漫长的历史长河中形成的许多实用技术、技法在今天犹未过时。当下社会，中华武术赖以生存的传统生态环境虽有所改变，但是武术的技击本质始终没变。因此，人们要结合现实，深入挖掘，使武术的技术技法不断创新，体现出后现代的时尚特征。

另外，经历了后现代主义冲击的当代武术，要完整无缺地回归到传统时代也是不现实的。当代武术的发展应该体现一种新型的"后人文立场"，在保持伦理道德底线基础上努力提升人的精神境界。正如美国文化学家克罗伯所认为的那样，文化的核心信息来自历史传统。传统并不像有人认识的那样仅仅表示落后和腐朽。例如，武术中传统的师徒传承制浓重地体现了中华民族家国一体、重视血缘关系和宗法理念的伦理向度。师择徒而授、徒选师从习，在师徒互择的过程中对一个人的品行进行了遴选，对一个人的德性进行了规约，这无形中对武德的建设起到了强化作用。师徒传承制虽然相对封闭，但对于当下武术的发展仍然具有一定的借鉴意义。今天，各类的武馆武校应充分考虑学员的资质与品行，不应只看重经济效益，不分良莠，将武术变成一种纯粹的商品；同时，在各级学校的武术教学过程中也要充分贯彻"德为艺先"的思想，加强礼仪教化，从而消解一些家长对于孩子学习武术会惹事生非的顾虑，还给社会更多的和谐因素。武术教学中口传、身教、心授是师徒之间一对一、手把手的传授方式。从某种意义上说，这是农业文明时代的一种精英教育，有助于武术文化的提高和创新，在武术的纵向承继中具有至关重要的作用[①]。当下，学校武术教学、武馆武术培训应在班级教育基础上针对部分学生（兴趣浓厚、勤奋努力等）实施"精英教育"，培养武术传承后备人才，推动新时代的武术创造性转化与创新性发展。

（二）传统时尚化

传统是相对于现代而言的，它是一个流动的时间范畴。对于传统，我们既不能割断，也不能肢解[②]。在瞬息万变的多元化时代背景下，传统文化如何与时俱进，

---

① 王林，虞定海. 传统武术传承场域嬗变论析[J]. 武汉理工大学学报（社会科学版），2009，22（6）：149-155.
② 庞朴. 文化的界说[J]. 新华文摘，2009（19）：112-115.

第五章 审美现代性批判视域下的当代武术发展

与时代共鸣？为千年的传统披上一件时尚的外衣也许会让现代人更易于接受，不失为一个好办法。

1. 传统之身的时尚外衣

中国武术在经历了数千年的嬗变之后，又面临着 21 世纪中国文化的历史性选择，武术的传承与发展、交流与传播都不免受制于一种特定的文化语境。一方面，它作为中国传统文化的感性符号，在与当下世界文化多元化的交流与碰撞中应该自觉地葆有一种独特的古典文化韵味；另一方面，武术能否融入当今以大众传播为中心的主流文化，成为现代社会文化底蕴的一部分，也已成为一个十分现实而迫切的问题。

一般而言，武术传承与发展的主要对象是青年人，传播和国际化的受众主要是外国人。因此，武术在传承与传播过程中只有考虑这些群体的审美要求，持有"顺应时代，因人而变"的思想，武术才能更好地发展。不能抱着传统观念和陈旧思想，一味提倡武术的民族性，一味强调武术的技击性，故步自封，这样只能将武术束之高阁，将一部分人排斥在武术大门之外。周星驰在影片《少林足球》中有这样一段经典台词："功夫其实绝对是适合男女老幼的，打打杀杀只是大家对它的误解，功夫更是一种艺术、一种不屈的精神，所以我一直以来都在找方法想把它重新包装起来，使得大家对功夫有一层更深的了解。"这段话告诉人们一个浅显而又深刻的道理，那就是如果要让世界上更多的人了解武术，首先要将它包装起来，加入时尚元素，这样人们才会接触它，也才能进一步地感受它。传统武术在当代发展中遇到了一些问题，可能与此有一定的关系。例如，很多人将"能不能打"作为评价中国武术的核心标准。这种认知偏差与习武者群体抱守残缺，一味追求武术技击的思想、行为有关。不少传统的武术家们乃至很多现代的青年武术习练者，都非常在意强调武术套路的技击功能[①]。他们受传统文化价值观的影响，对武术的技击性情有独钟，至今仍不愿承认武术具有艺术性，人为地将武术囿于技击之中而排在艺术之外，应该说这样不利于武术的当代发展。因此，武术在当代发展中，应尽量将内蕴的民族传统因子通过国际化的制作手法体现出来，力求在保持传统技击性的同时增添一件时尚外衣，让武术作品既充满浓郁中国文化特色，又不失现代艺术气息。

---

① 乔凤杰. 武术哲学[M]. 北京：社会科学文献出版社，2007：212.

2. 传统内质的艺术表达

周冠生[①]认为，20 世纪在绘画中，谁能创造一个既有东方的美又有西方的美，既有古典的美又有现代的美，既有抽象的美又有具象的美，谁就会成功。这里虽是针对绘画而言的，但是同为传统文化枝蔓的武术又何尝不是如此。当代武术的发展，首先需要对传统的继承和发扬；其次要糅入时代对武术的要求，只有这样才能把武术推向一个崭新的层面和高度。

近代以来，随着中西方美学的互融，美学全球化已经悄然降临。面对异域观众，推崇中国武术的传统文化内涵、表现武术的意境美，以及在现代演绎中融合西方的艺术表现手法和借鉴国外的娱乐包装形式都是十分必要的。像北京奥运会开幕式上，2008 名塔沟武校的孩子们演绎的既有现代美又有古典美、既有形式美又有意蕴美的武术表演，就是一种大胆而有益的尝试。

社会发展的脚步不会停留，人们的审美观随时代而变不可逆转，人们要转变观念，学会适应。今人要做的是，一方面引导大众欣赏武术美，欣赏武术的内蕴美；另一方面要将武术传统文化内质通过现代艺术手法表达出来。把武术的根丢掉去迎合大众口味或生硬地把大众拉来欣赏传统武术美都是不切实际的。绵绵五千年中华武术发展史一直随着人们审美观的变化调整着自己的前进方向，这是时代所需，是事物发展的内在规律。当代社会的主旋律是和谐，因此武术发展一定要考虑古今、中西各方面因素，将其"融合为一"方为上策。在这方面，由北京保利演艺经纪有限公司打造的《功夫诗》通过古典韵味与现代元素、形式包装与内涵凸显的有机融合，为人们提供了一个理想的范式。它借用灯光、服装、音乐等舞台背景，结合传统文化、国学思想的精髓，表现了武术"净、经、勤……"九层境界；音乐配合着身体动作的展现，身体动作诠释着背景音乐，真正地将时尚的艺术和武术的精粹结合起来，把武术变得不那么复古与枯燥，可谓是有益的创举。

（三）批判视域下当代武术和谐发展的具体举措

不变的、原汁原味的凝固的武术从来就不曾存在[②]。当代武术（竞技武术与传统武术）要想获得长久的和谐发展，应不遗余力地在传统与时尚之间不断进行协

[①] 周冠生. 审美心理学[M]. 上海：上海文艺出版社，2005：97.
[②] 王岗. 武术发展中的"文化围城"现象审视[J]. 北京体育大学学报，2005，28（10）：1328-1331.

第五章 审美现代性批判视域下的当代武术发展

调,使二者始终保持应有的张力。

1. 竞技武术的传统化

"任何一部优秀艺术作品,都应该有它的根、有它的本,而不可能是无本之木。这个根本,就是它的民族性。它的整体应该体现着民族的内在文化精神"[①]。所以说,受西方体育文化影响而"裁剪"出的竞技武术也要保留自己的根,固守自己的本,不能成为无源之水、无本之木。这个"根本"就是武术的传统,这是当代武术发展的底线。

(1)彰显竞技武术的传统文化内涵。现代承接传统,竞技武术从传统武术中演化而来。但是随着时间的推移和时尚的介入,竞技武术已经离传统武术越来越远,渐渐地趋向于西方竞技体育的同一模式,抛弃了自己的文化传统,丧失了自己独立不倚的审美趣味。应该说,这样不利于武术的长远发展与国际传播。

时尚可以作为当代流行艺术的标志,但不是武术发展的长期愿景。一味张扬时代艺术精神,"将民族文化底蕴不断淡化的想法,虽具有短期的经济效应,但却是以牺牲文化精神本源和内核为代价"[②]的。"一带一路"倡议下,作为中华优秀传统文化典型代表符号的中国武术有着民心相通、文化外交的重要意义。因此,中国武术万不可失去自己独立的声音和文化向心力的作用。在文化全球化的背景下,它更要确立自己的文化身份和精神禀赋。当代武术的发展是既要创新又不媚俗,既要愉悦观众又不降低自己的品位,只有这样才能保证自己走上具有独立身份和文化血统的康庄大道。

鉴于此,当下竞技武术在发展过程中应注意两个方面的要旨。一方面,要体现其外在的传统美。具体而言:演练服装可在华丽的基础上尽量体现民族风韵,如仿效唐装样式进行设计;音乐选取可在悦耳的基础上尽量体现古典风格,如《梁祝》《高山流水》等;比赛前后的抱拳礼应在规范性的基础上尽量体现礼仪性、神圣性,要表达出"请拳""自谦"的人文理念等。另一方面,要着力打造和体现内在特有的民族文化底蕴。例如,通过"圆""空""无"的技术理念体现出武术所追求的"技近乎道"之境界;通过"不争""含蓄""内敛"的技法招式(如太极推手)折射出武术崇尚内蕴体悟的审美方式及追求上善若水的人格品质。

---

① 朱志荣. 中西美学之间[M]. 上海:上海三联书店,2006:219-220.
② 王岳川. 发现东方[M]. 北京:北京图书馆出版社,2003:224.

（2）竞技武术套路应到民间汲取营养。礼失求诸野，武术套路（套子武术）自产生之日起即是为了满足平民阶层的审美文化需求，它的根一直深深扎在民间。乡村地区是民间武术生存的主要场域，它远离文化交流中心、思想变革的前沿阵地——城市区域，导致民间武术受西方思想的影响相对较少，保留了较多的武术传统。因此，为了使竞技武术更好地发展，一方面，要倡导教练员、运动员到民间去，从传统土壤中吸取营养对套路动作加以再创造与再升华。同时，还要批评教练员、运动员中存在的西方式的唯美主义思想，要正确地吸收外来动作与技法，要有需要、有思想地"化"，要"化"得有思想、有品格。另一方面，武术套路编创人员（包括国际武术竞赛套路的主创团队）也应深入基层，与民间武师平等交流，取长补短，加强艺术采风，掌握第一手资料；切忌心气浮躁、功利心强，追求形式浮华、思想空泛的创新（这样的"创新"虽新已旧，当日即朽）；要摆正心态，放下架子，摒弃门户之见，共同打造和提炼有内涵有境界的武术，在内容与形式、传统与时尚、生活与艺术、真实与虚幻之间找到理想的切入点，这样创生的武术套路才能使人耳目一新、流连忘返。

2. 传统武术的时尚化

近现代以来，尤其是20世纪90年代随着视觉文化在我国的兴起，传统武术逐渐失去了赖以生存的肥沃土壤，一度被认为是"逝去的武林"，仿佛成为隔世之音。当下，众多的娱乐形式充斥着现代人的耳目，人们已无暇顾及老祖宗留下的文化瑰宝，纷纷投入到追求感性娱乐的时尚大军之中，使传统武术遭受冷落，以至于沦落到了被抢救和作为非物质文化遗产进行保护的境地。

众所周知，时尚文化具有两重性，既有积极的一面也有消极的一面。但是无论时尚文化有多少缺陷和不足，有一点必须肯定，即它的出现和繁荣有历史的必然性和合理性，它能吸引前所未有的广大民众大规模卷入和深度参与，这是不以任何人的意愿为转移的。因此，传统武术必须借鉴并利用时尚元素来宣传自己、包装自己。

（1）利用各种媒介对传统武术进行宣传。竞技武术通过多种渠道进行自我宣传和主动上门的"送货"方式，削弱甚至"改变了传统武术'酒香不怕巷深'的被动传授态度和矜持的授徒作风"[①]，致使传统武术在举国竞技武术的热浪中逐渐

---

① 戴国斌. 武术现代性的断裂[J]. 体育文化导刊，2004（2）：35-38.

被淹没。

为了重新引起人们对传统武术的关注及唤回其应有的文化空间,首先,可以专门拍摄一些传统武术的纪录片或宣传片,以公益广告形式通过广播、电视等媒体播放,也可在一些大型广场的电子屏幕上滚动播出,介绍其历史、源流与现代发展,加深人们对传统武术的理解,修正武侠影视剧及文学作品对传统武术文化内质的负面影响。例如,国家级非物质文化项目亳州晰扬掌,通过官方纪录片的拍摄有利于改善人们对亳州晰扬掌的认知(图5-14)。其次,可利用报纸、网站等新闻媒介加大对传统武术的宣传力度。一些大型门户网站的体育栏目备受关注,但对武术尤其是传统武术比较边缘化,如果能够在这些大型网站的体育栏目中开辟传统武术专栏,建立超链接及数据库,储备大量的武术图片及经典视频,借助网站的传播力量扩大传统武术的影响力,其效果应该十分可观。再次,利用自媒体,发挥习武群体的个体力量,增强武术传播力。随着新媒体信息技术的飞速发展,媒介原有的形态发生了改变,各种新兴媒介(如抖音、快手、微信等)渗透到我们日常生活的各个角落,覆盖了网民日常学习、工作、生活、娱乐等领域。新方法、新技术、新思想的涌现为传统武术(拳种)的传播塑造了全新的传播生态,催生了全新的应用场景[①]。借助新兴媒体,有助于拓展武术的传播渠道,增加宣传推广力度,提升中华武术的文化影响力。

图 5-14　笔者于安徽省亳州市曹操公园拍摄的亳州晰扬掌纪录片现场

---

① 夏玉汉,周燕来. 全媒体助推意识形态智能化传播的机理与路径[J]. 西安电子科技大学学报(社会科学版),2023,33(2):146-152.

（2）结合现代元素对传统武术进行包装。首先，可以利用外国人对传统武术（如陈式太极拳）的向往与追求，把他们引向传统武术之乡，将传统武术与现代旅游业结合起来，打包推销。让外国人通过当地的民俗风情进一步了解传统武术的历史与渊源。这也弥补了大多数西方人对亚洲武术真正含义的理解较肤浅的不足[①]。当他们亲自到传统武术的发祥地去体验的时候，会在浓厚的习武氛围的影响下，主动了解拳种发展史，体验拳种魅力，必定会增加对该拳种的理解与认识。其次，传统武术要想长足发展，还需适应当代社会的现实需求，满足当代人们的审美需要。因此，应该利用现代艺术手法对传统武术进行形式上的包装、打造与创新，并运用视觉文化的传播优势及后现代的时尚元素给予展现，塑造一个现代性与审美现代性辩证统一的传统武术，使传统武术能够最大限度地符合当下大众的审美取向。这样创生出的传统武术必定会占有一定的市场份额。

总之，中国是一个崇尚和谐的国家。和谐理念在中国人的心目中根深蒂固，泛和谐的思想深入到各个领域。武术在发展与成熟过程中也形成了一系列的"和为美""和为贵"的思想。中华武术经过数千载的磨砺而经久不衰，一方面是受传统文化的滋养和洗礼，具有浓厚的文化底蕴；另一方面乃是自身求"和"的至上追求，使其具有了旺盛的生命力及不朽之精神。当今世界文化激荡、风云变幻，审美现代性批判视域下当代武术的发展必须学会融汇古今、贯通中西，协调好传统因子和时尚元素，在借鉴西方美的形式的同时也要保持自己重内轻外讲求意境、神韵的民族风格。只有这样，武术才能不被大浪淘沙过滤掉、不被时代所遗弃。当下，要增强中国武术的国际影响力与文化竞争力，只有力争在传统与现代、经典与时尚、民族与世界的多种二维关系中始终保持一定的张力，即通过和谐发展的模式才能实现。

---

① 马克·特博姆. 亚洲传统武术与西方文化[J]. 体育文史，1998（2）：55-58.

参 考 文 献

[1] 周宪．审美现代性与日常生活批判[J]．哲学研究，2000（11）：63-70，80．

[2] 哈贝马斯，黄金城．现代性——一个未完成的方案[J]．文化与诗学，2019，（1）：252-269．

[3] 杨春时．论审美现代性[J]．学术月刊，2001（5）：43-47．

[4] 寇鹏程．中国审美现代性研究[M]．上海：上海三联书店，2009．

[5] 周宪．审美现代性范畴的结构描述[J]．文艺研究，2004（2）：15-23，158．

[6] 周宪．审美现代性批判[M]．北京：商务印书馆，2005．

[7] 戴国斌．看不见的武术套路美：一项文化研究[J]．体育科学，2004（4）：65-67，79．

[8] 李龙．论中国传统武术文化的现代化出场[J]．中国体育科技，2010，46（2）：140-144．

[9] 杨建营．现代性支配下的武术现代化发展研究[J]．上海体育学院学报，2012，36（5）：66-72．

[10] 马廉祯．论中国武术的现代转型与竞技武术的得失[J]．体育学刊，2012，19（3）：114-120．

[11] 洪浩．"西化"与"本土化"：传统武术现代化之路[J]．搏击（武术科学），2013，10（7）：2．

[12] 王岗，韩政．对"入奥失败"后中国武术发展的理论思考[J]．武汉体育学院学报，2014，48（12）：5-10．

[13] 关铁强．中国武术"现代化"：起源、批判与反思[J]．山东体育学院学报，2017，33（3）：57-62．

[14] 冉学东．对中国武术体育化进程的文化反思[J]．成都体育学院学报，2014，40（1）：43-48．

[15] 刘文武．论武术在当代社会的发扬[J]．成都体育学院学报，2017，43（2）：42-47，66．

[16] 潜沉香，刘建军．中国武术异化研究[J]．体育文化导刊，2017（2）：76-79，85．

[17] 韩衍金．武术发展中"失真与异化"问题的研究述评[J]．哈尔滨体育学院学报，2019，37（6）：66-70．

[18] 邱丕相，王震．中国武术的回眸与展望[J]．体育学研究，2018，1（3）：55-60．

[19] 庹继光，陆高峰．"徐L约架"负面效应与武术文化传播策略[J]．淮阴师范学院学报（哲学社会科学版），2017，39（5）：528-532，540．

[20] 孟涛，崔亚辉．新中国武术 70 年发展历程解读及当代思考[J]．首都体育学院学报，2019，31（5）：391-397．

[21] 李翠霞，赵岷，常乃军．中国武术的现代化之殇[J]．武汉体育学院学报，2016，50（8）：49-55．

[22] 李臣，郭桂村，张帆．新时代中国武术传承发展的困境与消解[J]．武汉体育学院学报，2019，53（7）：65-70．

[23] 张震．论当代武术发展中的逻辑悖论及超越[J]．南京体育学院学报（社会科学版），2015，29（3）：20-25．

[24] 刘文武，朱娜娜，闫民. 对以往武术发展研究的反思——基于"文化工具论"的视角[J]. 西安体育学院学报，2016，33（4）：451-455.

[25] 王岗，赵连文，朱雄. "再发现"与"再出发"：中国武术发展的文化反思[J]. 体育学研究，2019，2（2）：6-14.

[26] 马克思. 1844年经济学哲学手稿[M]. 刘丕坤，译. 北京：人民出版社，1979.

[27] 李泽厚. 美学旧作集[M]. 天津：天津社会科学院出版社，2002.

[28] 杨建营，谢恩杰，王常龙. 武术的现代化演进对其本质和定义的影响研究[J]. 西安体育学院学报，2011，28（2）：181-185.

[29] 戴国斌. 武术现代性的断裂[J]. 体育文化导刊，2004（2）：35-38.

[30] 哈贝马斯. 作为"意识形态"的技术与科学[M]. 李黎，郭官义，译. 上海：学林出版社，1999.

[31] 李世涛. 从超越走向世俗——论西方审美现代性的媚俗面相[J]. 扬州大学学报（人文社会科学版），2008，12（2）：43-48.

[32] 王一川. 大众媒介与审美现代性的生成[J]. 学术论坛，2004（2）：121-125.

[33] 叶朗. 美指向高远的精神境界[N]. 人民日报，2014-11-21（24）.

[34] 叔本华. 作为意志和表象的世界[M]. 石冲白，译. 北京：商务印书馆，1982.

[35] 孙刚. 中国武术审美文化研究[M]. 北京：人民出版社，2018.

[36] ANDINA, TIZIANA. The philosophy of art: The question of definition—from Hegelto post-dantian theories[M]. London: Bloomsbury, 2013.

[37] 朗文出版公司. 朗文当代英语辞典（英语版）[M]. 北京：外语教学与研究出版社，1997.

[38] 朱立元. "审美文化"概念小议[J]. 浙江学刊，1997（5）：44-47.

[39] 聂振斌. 什么是审美文化？[J]. 北京社会科学，1997（2）：13-16.

[40] 叶朗. 现代美学体系[M]. 北京：北京大学出版社，1988.

[41] 周宪. 中国当代审美文化研究[M]. 北京：北京大学出版社，1997.

[42] 周纪文. 中华审美文化通史·明清卷[M]. 合肥：安徽教育出版社，2006.

[43] 周宪. 视觉文化与消费社会[J]. 福建论坛（人文社会科学版），2001（2）：29-35.

[44] 徐放鸣. 审美文化新视野[M]. 北京：中国社会科学出版社，2008.

[45] 安托瓦纳·贡巴尼翁. 现代性的五个悖论[M]. 许钧，译. 北京：商务印书馆，2005.

[46] 波德莱尔. 波德莱尔美学论文选[M]. 郭宏安，译. 2版. 北京：人民文学出版社，2008.

[47] ONIONS C T. The shorter Oxford English Dictionary on historical principles[M]. Oxford: The Clarendon Press, 1987.

[48] 黄兴涛，陈鹏. 民国时期"现代化"概念的流播、认知与运用[J]. 历史研究，2018（6）：70-90，189.

[49] 刘怀光，靳阳阳. 文化现代性的现代性根源与矛盾析论[J]. 理论导刊，2015（3）：41-44.

参 考 文 献

[50] 塞缪尔·P.亨廷顿. 变化社会中的政治秩序[M]. 王冠华, 刘为, 等译. 上海: 上海人民出版社, 2021.

[51] 李进书. 现代性"终结"与审美现代性批判[J]. 东南学术, 2006（4）: 110-115.

[52] SMITH A. Ethno-symbolism and nationalism[M]. London: Routledge, 2009.

[53] 安东尼·吉登斯. 现代性与自我认同: 现代晚期的自我与社会[M]. 赵旭东, 方文, 译. 北京: 生活·读书·新知三联书店, 1998.

[54] 吕红霞. 对文化现代性批判理论的再审视——以新时代文化建设为视角[J]. 东岳论丛, 2020, 41（1）: 109-116.

[55] 王伟光. 以中国式现代化全面推进中华民族伟大复兴[EB/OL]. (2022-11-15) [2024-06-11]. https://mp.weixin.qq.com/s?__biz=MzI4MDExNzg3Nw==&mid=2659247132&idx=1&sn=6e04443e74281db170724d459bbe5c7f&chksm=f0c91306c7be9a10886907c16f0a038a77dd0c319af084a0dbe2856e9043d7ed8c0cfe5307fb&scene=27.

[56] 郝永平, 鲁秀伟. 从物质与精神的关系审视中国现代化进程[J]. 科学社会主义, 2021（4）: 119-124.

[57] 王建疆. 别现代: 空间遭遇与时代跨越[M]. 北京: 中国社会科学出版社, 2017.

[58] 王凤才. 21世纪语境中如何理解马克思的现代性批判?[J]. 山西大学学报（哲学社会科学版）, 2022, 45（2）: 11-16.

[59] 宋伟. 中国式现代化语境中的美育现代性问题[J]. 文艺争鸣, 2022（3）: 106-109.

[60] 向丽. 乡土艺术与当代品味的建构——关于源生2016乡村音乐歌舞艺术节的思考[J]. 上海艺术评论, 2017（4）: 99-101.

[61] 宋一苇. 审美现代性批判如何可能[J]. 辽东学院学报（社会科学版）, 2008, 10（5）: 93-98.

[62] 吴浪平. 从启蒙到反思: 两种现代性的生成[J]. 沙洋师范高等专科学校学报, 2006（3）: 43-46.

[63] 徐向昱. 现代性实践与审美现代性[J]. 社会科学家, 2014（8）: 133-137.

[64] 崔佳. 马克思审美思想研究——审美实践的人性意蕴及其现代性批判[D]. 长春: 东北师范大学, 2020.

[65] 马泰·卡林内斯库. 现代性的五副面孔[M]. 顾爱彬, 李瑞华, 译. 北京: 商务印书馆, 2002.

[66] HEIDEGGER M. The age of the world picture[M]. London: Palgrave Macmillan UK, 1997.

[67] 安东尼·吉登斯. 现代性的后果[M]. 田禾, 译. 南京: 译林出版社, 2000.

[68] 陈嘉明. "现代性"与"现代化"[J]. 厦门大学学报（哲学社会科学版）, 2003（5）: 14-20.

[69] 于忠民. 中国当代新武侠电影的现代性审美转向[J]. 民族艺术研究, 2013, 26（6）: 114-119.

[70] 曹卫东. 文化现代性: 中德现代化比较研究[J]. 文艺研究, 1998（4）: 63-68.

[71] 李士军. 审美现代性批判视域中的当代审美文化[J]. 洛阳师范学院学报, 2010, 29 (4): 38-41.

[72] 陈瑞红. 审美现代性: 一种概念性探讨[J]. 南京农业大学学报 (社会科学版), 2005, 5 (3): 92-96.

[73] 刘小枫. 现代性社会理论绪论[M]. 上海: 上海三联书店, 1998.

[74] 王一川. 现代性文学: 中国文学的新传统——兼谈中国现代文学与文学研究[J]. 文学评论, 1998 (2): 96-105.

[75] 黄海. 舞台民间舞的审美现代性研究[D]. 北京: 中国艺术研究院, 2012.

[76] 张政文, 徐贤樑. 世界历史范式中的艺术类型——黑格尔艺术类型的启蒙现代性飞跃与审美现代性困境[J]. 文艺研究, 2020 (9): 34-43.

[77] 吴永强. 对审美现代性的知识论考察[J]. 社会科学研究, 2020 (2): 164-169.

[78] 哈贝马斯. 现代性的哲学话语[M]. 曹卫东, 等译. 南京: 译林出版社, 2004.

[79] GERTH H H, MILLS C W. From Max Weber: Essays in sociology[M]. New York: Oxford University Press, 1946.

[80] 李应志. 两种启蒙现代性: 差异与冲突的立场——评周宪《审美现代性批判》[J]. 文艺研究, 2005 (11): 136-142, 162.

[81] 理查德·沃林. 文化批评的观念[M]. 张国清, 译. 北京: 商务印书馆, 2000.

[82] ORTLIEB S A, CARBON C C. A Functional model of kitsch and art: Linking aesthetic appreciation to the dynamics of social motivation[J]. Frontiers in psychology, 2019, 9(1): 1-17.

[83] WULIA T. Aesthetic resistance: publicness, potentiality, and plexus[J]. J political power, 2023, 16(2): 213-236.

[84] EICHLER R. The meaning of ישבהכרבים[J]. Zeitschrift fur die alttestamentliche wissenschaft, 2014, 126(3), 358-371.

[85] SÖZER S. Against the modern world: A different ontological, ethical, epistemological and esthetical overview on sufism and sects[J]. Journal of modern education review, 2015, 5(3): 321-334.

[86] SICA A. Reflexive modernization: Politics, tradition, and aesthetics in the modern social order [J]. Social forces, 1997, 75(3): 1119-1121.

[87] ZOLBERG V L, BOURDIEU P, NICE R. Distinction: A social critique of the judgement of taste[J]. Contemporary sociology, 1986, 15(4): 511-515.

[88] KARI S S. Aesthetic life: Beauty and art in modern Japan[J]. Journal of Asian studies, 2022, 81(1): 219-220.

[89] SASS L A. Psychoanalysis, romanticism, and the nature of aesthetic consciousness, with reflections on modernism and postmodernism[J]. Psychoanal review. 1998, 85(5): 717-746.

[90] 杨建营,颜世亮. 20世纪后半叶中华武术发展中的"第一粒扣子"探寻[J]. 成都体育学院学报, 2022, 48(2): 74-79, 116.

[91] 马克思, 恩格斯. 马克思恩格斯选集(第一卷)[M]. 中共中央马克思恩格斯列宁斯大林著作编译局, 编. 北京: 人民出版社, 1972.

[92] 鲁品越, 骆祖望. 资本与现代性的生成[J]. 中国社会科学, 2005(3): 59-69, 206.

[93] 潘公凯. 20世纪中国美术的审美现代性[N]. 中国文化报, 2009-11-12(3).

[94] 马克斯·韦伯. 新教伦理与资本主义精神[M]. 康乐, 简惠美, 译. 桂林: 广西师范大学出版社, 2010.

[95] 武冬. 新时代中国武术发展的新思考[J]. 武汉体育学院学报, 2020, 54(2): 53-58.

[96] 王岳川. 文化输出: 王岳川访谈录[M]. 北京: 北京大学出版社, 2011.

[97] 吴图南. 科学化的国术太极拳[M]. 台北: 华联出版社, 1969.

[98] 苑城睿, 戴国斌. 近代武术身体图像的编码与解码[J]. 体育与科学, 2022, 43(2): 88-94.

[99] 佚名. 马BG羞辱的不仅是自己, 还有中国武术[EB/OL]. (2020-05-20)[2024-06-11]. https://sports.ifeng.com/c/7wcqTlvuhTU.

[100] 龙其林. 大众狂欢: 新媒体时代的网络文化透析[M]. 杭州: 浙江古籍出版社, 2014.

[101] 瓦尔特·本雅明. 机械复制时代的艺术作品[M]. 王才勇, 译. 北京: 中国城市出版社, 2002.

[102] 傅守祥. 大众文化的审美现代性批判[J]. 哲学研究, 2007(7): 112-117.

[103] 张旭东. 从呼唤"现代化"到反思"现代性"——论文化保守主义语境下的"乡土中国"形象书写[J]. 西安电子科技大学学报(社会科学版), 2011, 21(4): 59-63.

[104] 马文国. 文化社会学视角下中华武术文化自信的重构机制[J]. 西安体育学院学报, 2021, 38(5): 604-609.

[105] 刘文武, 徐伟军. 武学内容体系及其历史演绎[J]. 山东体育学院学报, 2014, 30(6): 56-62.

[106] 马克思, 恩格斯. 马克思恩格斯全集·(第三卷)[M]. 中共中央马克思恩格斯列宁斯大林著作编译局, 编. 2版. 北京: 人民出版社, 2002.

[107] 唐小兵. 后现代主义: 商品化和文化扩张——访杰姆逊教授[J]. 读书, 1986(3): 118-124.

[108] 张伟骏. 文化现代性孤立的终结——对詹姆逊后现代主义理论的再探讨[J]. 文教资料, 2018(8): 61-62.

[109] 戴宇辰. 媒介化研究: 一种新的传播研究范式[J]. 安徽大学学报(哲学社会科学版), 2018, 42(2): 147-156.

[110] 吴潜涛. 推动优秀传统文化的现代性转化[N]. 人民日报, 2015-07-15(7).

[111] 张荣军, 任鹏程. 中华优秀传统文化现代性转换的必要性和可能性研究[J]. 贵州社会科学, 2016(8): 56-61.

[112] 郭庆藩. 庄子集释[M]. 北京：中华书局，2013.

[113] 陶东风. 消费文化语境中的身体美学[J]. 马克思主义与现实，2010（2）：27-34.

[114] 杨建营，邱丕相. 武术精神的历史演变及21世纪发展的新趋势[J]. 体育学刊，2008（10）：92-95.

[115] 衣俊卿. 文化哲学十五讲[M]. 北京：北京大学出版社，2004.

[116] 白晋湘，万利. 中国武术构筑中华民族共有精神家园的理论与现实逻辑[J]. 广州体育学院学报，2022，42（1）：1-7.

[117] 李岩，王岗. 中国武术：从荣耀之身到尴尬之境[J]. 武汉体育学院学报，2015，49（4）：49-55.

[118] 佚名."弘扬传统 开拓创新"传统武术国家集训队成立暨传统武术搏击项目研制动员会在江苏南京召开[EB/OL]. (2020-11-09)[2024-06-11]. https://hb.dzwww.com/p/7004001.html.

[119] 舒开智. 马克思主义美学视域中的审美现代性研究[J]. 东方论坛，2013（6）：84-88.

[120] 王一川. 文化现代性中的异文化角色——跨文化学视域中的审美生命政治[J]. 人文杂志，2021（1）：20-26.

[121] 郭志禹. 太极拳新文化现象探骊[J]. 成都体育学院学报，2008，34（10）：6-9，39.

[122] 王智慧. 神圣意象的建构：武术文化记忆生成的多重空间意涵[J]. 北京体育大学学报，2021，44（4）：153-163.

[123] 张红军. 启蒙现代性、审美现代性与审美虚无主义[J]. 山东社会科学，2021（3）：174-181.

[124] 王岗，张大志. 从"体育"走向"文化"：中国武术当代发展的必然选择[J]. 成都体育学院学报，2013，39（6）：1-7.

[125] 王廷信. 中华传统艺术当代传承的媒介路径[J]. 北京电影学院学报，2020（11）：4-11.

[126] 雷吉斯·德布雷. 媒介学引论[M]. 刘文玲，译. 北京：中国传媒大学出版社，2014.

[127] 马歇尔·麦克卢汉. 理解媒介：论人的延伸[M]. 何道宽，译. 北京：商务印书馆，2000.

[128] 刘文武. 武术教学与体育项目教学的区别[J]. 北京体育大学学报，2015，38（10）：98-102.

[129] 李桂霞. 信息技术支持下的"寓教于乐"[EB/OL]. (2019-07-03)[2024-04-13]. https://www.cac.gov.cn/2019-07/03/c_1124703492.htm.

[130] 马文友，王廷信. 崇尚和谐：论武术生态文化的审美之维[J]. 东南大学学报（哲学社会科学版），2015，17（6）：135-139，148.

[131] 戴永琴，黄新，毛伟伟，等. 论当代全人教育理念指导下武术的"全"面教育[J]. 搏击（武术科学），2008（1）：23-24.

[132] 段丽梅，戴国斌. 基于"全人"生命教育视角的体育教育逻辑起点新论[J]. 体育科学，2015，35（6）：78-82.

[133] 马文杰，王春力，王艳艳."文化自信"视域下中国武术发展困境与对策[J]. 体育文化导刊，2022（6）：56-61.

[134] 郭玉成. 武侠文化的历史传承与新时代发展[J]. 武汉体育学院学报, 2019, 53（6）: 50-58.

[135] 向丽. 怀旧·乡愁·乌托邦——中国艺术乡建的三重面向[J]. 民族艺术, 2021（3）: 138-148.

[136] 彭波, 张权. 中国互联网治理模式的形成及嬗变（1994—2019）[J]. 新闻与传播研究, 2020, 27（8）: 44-65, 127.

[137] 姜飞, 王勇, 罗应景, 等. 中华武术"打、育、玩"一体化的演进规律与发展策略[J]. 体育学刊, 2022, 29（4）: 92-97.

[138] 刘文武, 朱娜娜. 理法复归: 新时代武术发展需要致力的一个方向[J]. 西安体育学院学报, 2022, 39（4）: 470-476.

[139] 杜俊儒, 王明建. "污名化"与"去污名化": 传统武术发展的困境及应对[J]. 北京体育大学学报, 2021, 44（7）: 143-156.

[140] 赵连文, 朱雄, 王岗. 中国武术现代化的历史回眸与新时代发展论略[J]. 沈阳体育学院学报, 2019, 38（4）: 130-137.

[141] 杨建营. 对接"国之大事"的武术发展战略调整[J]. 上海体育学院学报, 2018, 42（6）: 51-56, 63.

[142] 张君贤, 戴国斌. 对传统武术社会中信任机制的现代性反思[J]. 首都体育学院学报, 2018, 30（1）: 38-41.

[143] 张国良, 戴国斌. "身体消费"视域下武术的挑战与反思[J]. 沈阳体育学院学报, 2017, 36（6）: 132-137.

[144] 於世海, 陆小黑. 从文化哲学的视角反思当代中国武术的发展问题[J]. 成都体育学院学报, 2011, 37（11）: 41-44.

[145] 刘鹏, 孙刚. 武术现代化发展的困惑与反思[J]. 上海体育学院学报, 2008（3）: 71-74.

[146] 廖上兰, 刘桂海. 武术现代性的内涵、起源及其演进——一个社会史的考察[J]. 西安体育学院学报, 2022, 39（4）: 477-484.

[147] 张震, 张长念. 传统社会中武术的异化及其现代性复归[J]. 体育科学, 2015, 35（5）: 88-95.

[148] 彭鹏, 李勇. 中华武术文化的现代性[J]. 成都体育学院学报, 2008（8）: 36-38.

[149] 马文友. 中国武术审美现代性及其批判[J]. 上海体育学院学报, 2015, 39（4）: 37-40, 45.

[150] 李鸿祥. 视觉文化研究——当代视觉文化与中国传统审美文化[M]. 上海: 东方出版中心, 2005.

[151] 黄凯锋. 审美价值论[M]. 昆明: 云南人民出版社, 2005.

[152] 陈春娣, 乔凤杰. 作为艺术的武术[J]. 体育科学, 2007, 27（6）: 77-81.

[153] 邱丕相. 中国武术文化散论[M]. 上海: 上海人民出版社, 2007.

[154] 刘同为，王昊宁."黄金分割律"在武术套路编排中的应用[J]. 中国体育科技，2009，45（4）：91-93.

[155] 泰·伊·奥伊则尔曼. 马克思的《经济学—哲学手稿》及其解释[M]. 刘丕坤，译. 北京：人民出版社，1981.

[156] 佚名. 网红武僧 L：为赚取高额出场费，打假拳获取流量，一场收 200 万[EB/OL].（2020-07-20）[2024-04-13]. https://www.163.com/dy/article/HCO4NQVE0552ZF85.html.

[157] 佚名. 闫 F 忽悠太极推手被逐出山门 高手：视频太假了[EB/OL].（2012-10-12）[2024-06-11]. https://sports.sohu.com/20121012/n354715192.shtml.

[158] 曹宇. 马 BG 闹剧，该立刻收场了[EB/OL].（2020-11-28）[2024-04-13]. https://news.cnr.cn/native/gd/20201128/t20201128_525345715.shtml.

[159] 陶东风. 后现代主义在中国[J]. 战略与管理，1995（4）：90-95.

[160] 丹尼尔·贝尔. 资本主义文化矛盾[M]. 赵一凡，蒲隆，任晓晋，译. 北京：三联书店，1989.

[161] 徐碧辉. 美学与中国的现代性启蒙——20 世纪中国的审美现代性问题[J]. 文艺研究，2004（2）：4-14，158.

[162] 欧阳康."文化围城"及其超越[J]. 江苏行政学院学报，2003（1）：23-27.

[163] 牛绍娜. 推动科技理性与价值理性的平衡[N]. 中国社会科学报，2020-09-08（4）.

[164] 欧阳康. 中国价值观与中华民族伟大复兴[N]. 光明日报，2013-01-19（11）.

[165] 孟涛. 舞台武术表演对中华武术在美国传播的影响[J]. 首都体育学院学报，2014，26（4）：311-314.

[166] 王芗斋. 意无止境[M]. 海口：海南出版社，2014.

[167] 杨雄威."一盘散沙"病象与现代中国的政治逻辑[J]. 史林，2020（1）：139-152，221.

[168] 丹尼尔·贝尔. 后工业社会的来临——对社会预测的一项探索[M]. 高铦，王宏周，魏章玲，译. 上海：商务印书馆，1984.

[169] 李向民. 精神经济[M]. 北京：新华出版社，1999.

[170] 王兵，苏海涛，孔祥福. 武术是中国重要的软实力——国际武联秘书长王筱麟一席谈[N]. 湖北日报，2010-10-17（3）.

[171] 周伟良. 中国武术史[M]. 北京：高等教育出版社，2003.

[172] 胡小明. 体育美学[M]. 北京：高等教育出版社，2009.

[173] 马歇尔·麦克卢汉. 理解媒介：论人的延伸[M]. 何道宽，译. 南京：译林出版社，2019.

[174] MEYROWITZ J. No sense of place: The impact of electronic media on social behavior[M]. New York: 0xford University Press, 1985.

[175] 弗雷德里克·杰姆逊. 后现代主义与文化理论——杰姆逊教授讲演录[M]. 唐小兵，译. 西安：陕西师范大学出版社，1986.

参考文献

[176] 李小龙. 功夫之道：李小龙中国武术之道研究[M]. 温戈，杨娟，译. 北京：中国海关出版社，2010.

[177] 易存国. 中国审美文化[M]. 上海：上海人民出版社，2001.

[178] 蔡长虹. 从语言文字的角度看对视觉文化传播的误读[J]. 传媒，2007（7）：62-63.

[179] 王钧，刘琴. 文化品牌传播[M]. 北京：北京大学出版社，2010.

[180] 张文广. 我的武术生涯[M]. 北京：北京体育大学出版社，2002.

[181] 杨建营，屈政梅，石旭飞. 从竞技武术套路的发展历程探讨其未来趋向[J]. 北京体育大学学报，2009，32（3）：135-138.

[182] 祁述裕，刘琳. 文化与科技融合引领文化产业发展[J]. 国家行政学院学报，2011（6）：64-67.

[183] 赫伯特·马尔库塞. 单向度的人：发达工业社会意识形态研究[M]. 刘继，译. 上海：上海译文出版社，2006.

[184] 王岗. 中国武术的当代研究不能"顾此失彼"[J]. 搏击（武术科学），2008（10）：2.

[185] 陈麦池. 基于文化创意的武术文化景观品牌化战略研究[J]. 首都师范大学学报（自然科学版），2014，35（1）：44-49.

[186] 王岳川. 中国视觉文化形象建构应"再中国化"[J]. 江苏行政学院学报，2014（1）：21-24.

[187] 戴国斌. 武术现代化的异化研究[J]. 体育与科学，2004，25（1）：8-10，14.

[188] 张世英. 生活的艺术化与艺术的神圣性[J]. 文艺研究，2010（11）：5-13.

[189] 黑格尔. 美学（第一卷）[M]. 朱光潜，译. 北京：商务印书馆，1979.

[190] 周伟良. 中国武术史参考资料选编[M]. 台北：逸文武术文化，2009.

[191] 夏琼华. 太极拳中的礼法文化[J]. 体育学刊，2010，17（5）：92-94.

[192] 徐粤春. 当代中国艺术发展新态势[N]. 中国艺术报，2012-10-19（12）.

[193] 肖伟胜. 视觉文化与图像意识研究[M]. 北京：北京大学出版社，2011.

[194] 党西民. 视觉文化的权力运作[M]. 北京：人民出版社，2012.

[195] 王杰. 审美现代性：当代中国的情感民族志初探[J]. 浙江社会科学，2021（1）：124-129，159.

[196] 王杰，肖琼. 文化经济时代审美人类学的新问题与新挑战[J]. 思想战线，2016，42（3）：39-44.

[197] 李慧. 走质量型发展之路[N]. 光明日报，2018-05-16（15）.

[198] 王岗，郑晨. 新时代中国武术优秀文化的现代化创新论说[J]. 首都体育学院学报，2022，34（2）：117-123.

[199] 李咏吟. 审美与道德的本源[M]. 上海：上海人民出版社，2006.

[200] 李小进，赵光圣. 中国竞技武术本源问题的再认识——兼论中国武术的现代化转型与发展[J]. 中国体育科技，2018，54（1）：11-17.

[201] 奥斯瓦尔德·斯宾格勒. 西方的没落[M]. 齐世荣, 田农, 林伟鼎, 等译. 北京: 商务印书馆, 1963.

[202] 杨建营. 深陷困境的中华武术的发展之路——邱丕相教授学术对话录[J]. 体育与科学, 2018, 39 (4): 18-25.

[203] 李扬, 石琨. 城市文明如何可持续发展[N]. 文汇报, 2009-11-13 (3).

[204] 朱维铮. 音调未定的传统[M]. 杭州: 浙江大学出版社, 2011.

[205] 王鸣骏. 文化学视野下当代中国武术发展的思考[J]. 成都体育学院学报, 2013, 39 (5): 44-47.

[206] 龚鹏程. 中国传统文化十五讲[M]. 北京: 北京大学出版社, 2006.

[207] 董金花. 从体育文化视角思考传统武术文化的流失及对策研究[J]. 当代体育科技, 2015, 5 (20): 208-256.

[208] 王岗, 吴松. "大武术观"视域下的中国武术发展路径研究[J]. 北京体育大学学报, 2013, 36 (9): 19-25, 40.

[209] 何丽红. 知识生产: 当代武术发展的动力学解构[J]. 北京体育大学学报, 2016, 39 (4): 45-49, 59.

[210] 邱丕相, 马文友. 武术的当代发展与历史使命[J]. 体育学刊, 2011, 18 (2): 117-120.

[211] 王岗, 吴松. 中国武术发展的当代抉择: "求同"乎?"求异"乎? [J]. 南京体育学院学报 (社会科学版), 2010, 24 (2): 35-39.

[212] 中共中央办公厅, 国务院办公厅. 关于实施中华优秀传统文化传承发展工程的意见[N]. 人民日报, 2017-01-26 (6).

[213] 邱丕相. 对罗玲娜"中西文化比较视角下的中西武术及中华武术的西方推广"一文的述评[J]. 体育科研, 2013, 34 (1): 47-49.

[214] 王伟光. 人的精神家园[M]. 北京: 人民出版社, 中国社会科学出版社, 2014.

[215] 周与沉. 身体: 思想与修行——以中国经典为中心的跨文化观照[M]. 北京: 中国社会科学出版社, 2005.

[216] 王岳川. 从"去中国化"到"再中国化"的文化战略——大国文化安全与新世纪中国文化的世界化[J]. 贵州社会科学, 2008 (10): 4-14.

[217] 池建. 写在"民族传统体育学"栏目开设前面的话[J]. 北京体育大学学报, 2017, 40 (1): 116-118.

[218] 庞朴. 文化传统与传统文化[J]. 科学中国人, 2003 (4): 9-11.

[219] 钱穆. 中国文化精神[M]. 北京: 九州出版社, 2011.

[220] 单世联. 文化多样性的内在结构和意义内涵[N]. 中国社会科学报, 2014-6-18 (B04).

[221] 许共城. 中国当代审美文化发展的新趋向[J]. 哲学动态, 2008 (6): 100-104.

[222] 薛浩, 郑国华, 喻和文. 从叙事史到结构史: 近代以来中国武术史研究的反思与转向

[J]. 上海体育学院学报，2022，46（9）：73-89.

[223] 高小军．珍惜机遇 同心合力 努力开创武术事业推广新局面——在第七次全国武术工作会议上的报告（2014年2月25日）[J]．中华武术（研究），2014，3（3）：6-17.

[224] 李北达．舞武同源论[J]．中华武术（研究），2013，2（1）：16-25.

[225] 孙东艺．功夫[M]．重庆：重庆出版社，2007．

[226] 卢元镇．中国武术竞技化的迷途与困境[J]．搏击（武术科学），2010，7（3）：1-2.

[227] 李守培，李朝旭．论新时代中华武德的构建[J]．文化遗产，2022（2）：51-58.

[228] 傅守祥．审美化生存：消费时代大众文化的审美想象与哲学批判[M]．北京：中国传媒大学出版社，2008．

[229] 马文友，邱丕相．论武术的艺术化发展趋势[J]．上海体育学院学报，2010，34（5）：51-53.

[230] 海德格尔．海德格尔选集·下卷[M]．上海：上海三联书店，1996．

[231] 丁莉丽．视觉文化语境中的影像研究[M]．北京：中国电影出版社，2007．

[232] 周宪．文化表征与文化研究[M]．北京：北京大学出版社，2007．

[233] 周宪．视觉文化的转向[M]．北京：北京大学出版社，2008．

[234] 陈龙，陈一．视觉文化传播导论[M]．上海：上海三联书店，2006．

[235] 章培恒．从游侠到武侠——中国侠文化的历史考察[J]．复旦学报（社会科学版），1994，（3）：75-82.

[236] 钱穆．中国文化史导论[M]．上海：上海三联书店，1988．

[237] 余虹．审美文化导论[M]．北京：高等教育出版社，2006．

[238] 中国社会科学语言研究所词典编辑室．现代汉语词典[M]．7版．北京：商务印书馆，2016．

[239] 文会，王澎，李本刚．当代新词语大辞典[M]．大连：大连出版社，1992：740.

[240] 莱斯利·A.怀特．文化的科学——人类与文明的研究[M]．沈原，黄克克，黄玲伊，译．济南：山东人民出版社，1988．

[241] 刘文武．论武术的"技击弱化"[J]．沈阳体育学院学报，2017，36（1）：139-144.

[242] 马克思，恩格斯．马克思恩格斯全集（第二十三卷）[M]．中共中央马克思恩格斯列宁斯大林著作编译局，编．北京：人民出版社，1972．

[243] 戴清．电视剧审美文化研究[M]．北京：中国广播电视出版社，2004．

[244] 郭志禹．中国武术发展模式研究[J]．上海体育学院学报，2005，29（2）：59-63.

[245] 朱立元．略谈当代审美文化的"审美"内涵[J]．沈阳工程学院学报（社会科学版），2008，4（1）：1-3，9.

[246] 梁启超．新民说[M]．郑州：中州古籍出版社，1998．

[247] 尼尔·波兹曼．娱乐至死[M]．章艳，译．桂林：广西师范大学出版社，2004．

[248] 张志安，沈国麟．媒介素养：一个亟待重视的全民教育课题——对中国大陆媒介素养研究的回顾和简评[J]．新闻记者，2004（5）：11-13.

[249] 丁来先. 审美静观论[M]. 北京：中国社会科学出版社，2008.

[250] 邱丕相，马文国. 武术文化研究和教育研究的当代意义[J]. 体育文化导刊，2005（4）：18-20.

[251] 赫伯特·马尔库塞. 爱欲与文明[M]. 黄勇，薛民，译. 上海：上海译文出版社，1987.

[252] 沈晴. 论高校文化建设中传统与时尚关系的紧张与融合[J]. 社会科学家，2010（4）：66-69.

[253] 王林，虞定海. 传统武术传承场域嬗变论析[J]. 武汉理工大学学报（社会科学版），2009，22（6）：149-155.

[254] 庞朴. 文化的界说[J]. 新华文摘，2009（19）：112-115.

[255] 乔凤杰. 武术哲学[M]. 北京：社会科学文献出版社，2007.

[256] 周冠生. 审美心理学[M]. 上海：上海文艺出版社，2005.

[257] 王岗. 武术发展中的"文化围城"现象审视[J]. 北京体育大学学报，2005，28（10）：1328-1331.

[258] 朱志荣. 中西美学之间[M]. 上海：上海三联书店，2006.

[259] 王岳川. 发现东方[M]. 北京：北京图书馆出版社，2003.

[260] 夏玉汉，周燕来. 全媒体助推意识形态智能化传播的机理与路径[J]. 西安电子科技大学学报（社会科学版），2023，33（2）：146-152.

[261] 马克·特博姆. 亚洲传统武术与西方文化[J]. 体育文史，1998（2）：55-58.

[262] 马克斯·韦伯. 马克斯·韦伯社会学文集[M]. 阎克文，译. 北京：人民出版社，2010.

[263] 威廉·费尔丁·奥格本. 社会变迁：关于文化和先天的本质[M]. 王晓毅，陈育国，译. 杭州：浙江人民出版社，1989.

[264] 居伊·德波. 景观社会[M]. 王昭风，译. 南京：南京大学出版社，2006.

[265] 利奥·洛文塔尔. 文学、通俗文化和社会[M]. 甘锋，译. 北京：中国人民大学出版社，2011.

[266] 李龙. 诠释学视野下的中国传统武术发展观[J]. 北京体育大学学报，2009，32（10）：8-11.

[267] 郭玉成. 传统武术在当代社会的传承与发展[J]. 上海体育学院学报，2008（2）：51-57.

[268] 栗胜夫. 论2008年北京奥运会后中国武术的发展方略[J]. 体育科学，2008（9）：80-88.

[269] 骆红斌，方国清. 关于中国武术发展中文化断裂现象的思考[J]. 上海体育学院学报，2008（3）：67-70.

[270] 颜辉萍，张宗豪，李龙. 全球化背景下传统武术发展问题的思考[J]. 搏击（武术科学），2007（9）：3-5.

附　　录

专家访谈基本情况及问答提要

访谈时间：2021 年 3—4 月
访谈内容：中国武术审美现代性批判与当代发展研究
访谈形式：面对面访谈和电话访谈
访谈专家：绪论列表中提及的八名专家（此处不再赘述）

访谈主题一　武术审美现代性相关问题

2021 年 3 月 20 日：访谈专家吉 CZ、李 WD
问题：如何看待武术现代性与武术艺术化现象？
回答核心观点：中华人民共和国成立以来，尤其是 20 世纪 80 年代以来，武术进行了现代化改造，出现了现代性的特征，武术现代性使武术自身与传统发生断裂；现代性（现代化）在使武术科学化和竞技化的同时，也使武术发展出现了文化内涵弱化和艺术化的趋势。

2021 年 3 月 21 日：访谈专家郭 ZH、温 Y
问题：如何理解武术审美现代性与武术消费化现象？
回答核心观点：随着审美现代性的凸显，民间武术出现商业化趋势；加之媒体影视对传统武术的误导，武术的表演性与实战性争辩等，使当代武术发展出现了消费化和刻意炒作等现象。

中国武术审美现代性批判与当代发展

访谈主题二　当代武术发展相关问题

2021年4月10日：访谈专家吉CZ、刘Y

问题：当代武术发展的路径选择。

回答核心观点：只有在武术现代性与审美现代性之间建立一种良性参照系，并对武术审美现代性进行合理解构与建构，才能保证当代武术发展走上康庄大道。

2021年4月10日：访谈专家马XJ、李Y、吉CZ

问题：当代武术发展的逻辑理路应怎样？

回答核心观点：应遵循文化与科技相融合的逻辑理路，破解武术人文精神与现代科技不兼容的逻辑悖论，寻求守正创新的逻辑理路。

2021年4月17日：访谈专家郭ZH、侯SC

问题：当代武术发展的价值取向应该是什么？

回答核心观点：宏观层面要突破武术现代性与审美现代性的"文化围城"现象，树立一种正确的价值导向——面对武术"艺术化、消费化、神秘化、同质化"倾向，要抵制极端思潮，防止走向反面。

2021年4月17日：访谈专家李Y、刘Y、郭ZH、侯SC

问题：审美现代性批判视域下当代武术应如何发展？

回答核心观点：应回归价值原点和逻辑起点，针对武术的"技击与艺术、文化与物化、传统与现代、消费与教化"等多维二元方面，争取用文化与科技相融合的力量在其工具理性和价值理性之间寻求平衡点，使武术发展既保留本真，又符合当代人的审美需求。总之，视觉文化时代，武术的传统美面临着抉择，迎合时尚潮流可能失去自我，不跟上潮流可能被时代遗弃。因此，武术一方面要改革，融入现代元素；另一方面，要保留自己的根，引导和教化人们欣赏其内蕴美。构建未来武术发展理想模式就是将武术的传统文化内质用当代的艺术手法表达出来。辨证地看，这是一种和谐的发展模式，既要考虑传统元素又要考虑现代元素，既要考虑东方品位又要顾及西方喜好，既要考虑技术又要考虑艺术，既要考虑形式又要考虑内容。一言以蔽之，只有综合、协调各种因素，才能使当代武术更好更快地发展。

后　记

　　本研究是湖南省社会科学基金重点项目"中国武术审美现代性批判与当代发展研究"的结题成果。关于武术发展问题，是一个常说常新的问题。当代武术发展出现艺术化、消费化、神秘化和同质化的趋势，学者们从不同视角进行了研究与解读，可谓见仁见智。本研究另辟蹊径，从审美现代性视角切入，以批判的眼光审视当代武术发展这些现象是一种全新的尝试。审美现代性问题，近年来成为学界的一个热点，同时也是一个难点。说它"热"，是自 20 世纪 90 年代以来，几乎所有的相关研究（尤其是指美学、艺术学的研究）均与审美现代性有关，审美现代性的提出为研究当下许多社会现象提供了新的智力支撑；说它"难"，盖因现代性与审美现代性、中国审美现代性与西方审美现代性之间关系错综复杂，只有深入中国自身的文化与审美传统、考查西方古典美学，同时研究中国社会现代性才有可能破解。研究期间，我查阅了大量的中西方现代性和审美现代性的文献，梳理了传统与现代的美学范式，并运用视觉文化和后现代的一些理论，力图弄清审美现代性的内在逻辑与运行轨迹、厘定审美现代性的复杂境遇。在此过程中，结合武术发展现状与社会现代性的复杂关系来系统解构中国武术的审美现代性。最终，发现 21 世纪以来，武术审美的确出现了一系列重大变化，而这些变化又恰恰与审美现代性的理论密切相关。在审美现代性支配下，武术发展出现了艺术化、消费化、神秘化、同质化的倾向。武术审美现代性（价值理性、回归传统）是对武术现代性（工具理性和科学主义）的否定，武术现代性有利有弊，武术审美现代性同样利弊共存，对武术审美现代性进行批判，并不是全盘否定，而是理性回归、修正和超越。在探寻正确的价值取向的过程中，纠正武术审美现代性的极端化现象，彰显武术现代性的内在合理性，提供一种良性的参照系，助力当代武术发展走上一条康庄大道。

　　立项以来，我围绕着课题的开展投入了大量的时间与精力。但是随着课题的推进，深感需要研究的专题越来越多，对于中国武术审美现代性批判与当代发展这个问题的研究一定仍有很多未尽人意之处，在以后的研究中，我会继续努力和跟进。对于本书存在的不足，还请各位专家学者不吝批评指正。

首先，感谢我的博士生导师邱丕相先生，他不仅引导我进入武术美学研究的领域，还一直关心我在学术之路的成长，此次更是不辞辛劳，为本书撰序；感谢我的博士后合作导师王廷信教授，王老师学识渊博，尤其是在艺术学领域享有极高的威望，此次更是在百忙之中腾出时间为本书撰序。

其次，感谢《东南大学学报》（哲社版），以及《北京体育大学学报》《哈尔滨体育学院学报》《南京体育学院学报》《四川体育科学》等期刊对我的关心和支持，不嫌鄙陋，将我的一些先期成果给予发表，在此深表谢意。

再次，感谢接受访谈的各位专家，你们的真知灼见，让本书增添了许多学术亮点；感谢书中引注的各位学者，你们的学术观点，使本书建立了系统的理论逻辑；感谢家人，你们的默默付出，解决了我的后顾之忧。人文学者多情，研究成果不管怎样，对于帮助过我的人，都心存感念，一并谢过。

最后，感谢人民体育出版社，对本书的认可和支持，感谢责任编辑的辛勤劳动，使书稿得以付梓。万事纷杂，学无多进，科研之路艰辛，征程未有穷期。

马文友

2024 年 1 月 30 日于湖南师范大学